信息化背景下课程教学改革与实践研究

刘国兰　万琳琳　肖雪莲　著

中国原子能出版社
China Atomic Energy Press

图书在版编目（CIP）数据

信息化背景下课程教学改革与实践研究 / 刘国兰，万琳琳，肖雪莲著 . -- 北京：中国原子能出版社，2022.12

ISBN 978-7-5221-2570-1

Ⅰ . ①信… Ⅱ . ①刘… ②万… ③肖… Ⅲ . ①高等学校—课堂教学—教学改革—研究 Ⅳ . ① G642.421

中国版本图书馆 CIP 数据核字 (2022) 第 241811 号

信息化背景下课程教学改革与实践研究

出版发行 中国原子能出版社（北京市海淀区阜成路 43 号 100048）

责任编辑 马世玉

责任印制 赵 明

印 刷 北京天恒嘉业印刷有限公司

经 销 全国新华书店

开 本 787mm × 1092mm 1/16

印 张 10. 25

字 数 205 千字

版 次 2022 年 12 月第 1 版 2022 年 12 月第 1 次印刷

书 号 ISBN 978-7-5221-2570-1 定 价 76.00 元

前　言

21 世纪以来，信息技术在全球范围内掀起一场前所未有的深刻变革，传统行业纷纷启动信息化模式，教育领域同时面临机遇与挑战。在信息技术领域，信息化教学资源的传播及移动网络课堂的发展尤其令人瞩目。随着信息化技术的日趋成熟，信息化教学已经成为现代教育的一大特征，代表了现代教育的一个发展方向。

信息化时代教育形式的开放化、多样化、个性化、社会化要求当代大学生掌握英语自主学习的方法，适应终身学习的趋势，成为信息化社会发展和国际交流需要的德才兼备的创新复合型人才。因此，在教育信息化的大趋势下，信息化教学可以极大地激发学生探索新知识的欲望，提高学生的自主学习能力。教育领域的改革与创新正在全速推进，信息化建设已经成为高校实现改革、创新和开放的重要方向。作为实现教育公平和提高教育质量的重要手段，多媒体技术在推动改革创新中发挥着越来越重要的作用，对教学理念、教学方法和教学评价等诸多方面都产生了深远的影响。

本书基于信息化背景对课程教学进行研究，首先概述教育信息化的基本内容，然后分析信息化教学过程要素与方法、信息化教学设计、在线课程与自主学习，最后对信息化技术对教学发展的影响，以及信息化环境下教学模式创新与课程整合进行了重要探讨。

在编写本书的过程中，笔者查阅和引用了网络、书籍以及期刊中的相关资料，因涉及内容较多，在这里不一一注明出处。谨向本书所引用资料的作者表示诚挚的感谢。此外，本书在编写过程中，得到了相关专家和同行的支持与帮助，在此一并致谢。由于笔者能力有限，书中难免存在疏漏或不足，恳请各位专家及读者批评指正。

目　录

第一章　教育信息化概述

自20世纪90年代以来，计算机网络技术的迅猛发展、多媒体技术的广泛运用，尤其是Internet的快速发展，推动了面向全社会的信息改革，对现代社会、科学、经济、文化、教育等各领域产生了深刻的影响。最突出的表现是使现代教育爆发了一场新的教育革命，这就是教育信息化。教育信息化打破了传统教育中简单运用计算机多媒体的教育形式，取而代之的是真正地将现代教育媒体的巨大潜力充分发挥在现代信息化的教育实践之中。那么，教育信息化是如何产生的？它的内涵是什么？有什么样的特征？对现代教育来说，具有哪些本质的意义呢？

第一节　教育信息化的定义

教育信息化的概念是在20世纪90年代伴随着信息高速公路的兴建而提出来的。美国克林顿政府于1993年9月正式提出建设“国家信息基础设施”（National information infrastructure，NII），俗称“信息高速公路”（information superhighway）的计划，主要内容是发展以Internet为核心的综合化信息服务体系和推进信息技术（information technology，IT）在社会各领域的广泛应用，特别是将IT在教育领域的应用作为实施21世纪教育改革的重要途径。美国政府这一举措的初衷只是想推动其信息技术在各领域的普及，不料却打开了世界性的教育改革大门。自此，各国纷纷着手实施信息化改革，一场教育的革命也由此拉开了序幕。

一、教育信息化的概念

在提出教育信息化的概念前，首先让我们来了解一下什么是信息化。所谓信息化，是指将信息作为构成某一系统、某一领域的基本要素，并对该系统、该领域中信息的生成、分析、处理、传递和利用所进行的有意义活动的总称。我们将信息的生成、分析、处理、传递和利用称为信息技术。信息化共包括三层含义：第一层是对信息重要性的认识；第二层是将信息作为一种基本的构成要素；第三层则强调了信息化是一个不断变化的过程，而非一种状态。

信息化是一个复杂的过程，它的复杂面不仅仅在于它是针对相对抽象的信息的生成、分析、处理、传递和利用，还在于它可以从瞬息万变的信息活动中将信息有机地整合起来。教育信息化是在信息化的大前提下产生的，这就决定了其复杂程度绝不会亚于信息化。

华东师范大学的祝智庭教授认为，教育信息化是指在教育领域全面深入地运用现代化信息技术来促进教育改革和教育发展的过程，其结果必然是形成一种全新的教育形态——信息化教学。华中师范大学的傅德荣教授认为，教育信息化是将信息作为教育系统的一种基本构成要素，并在教育的各个领域广泛地利用信息技术，促进教育现代化的过程。上海师范大学黎加厚教授则认为，教育信息化是以现代信息技术为基础的新教育体系，包括教育观念、教育组织、教育内容、教育模式、教育技术、教育评价、教育环境等一系列的改革和变化。教育信息化并不简单地等同于计算机化或网络化，它是一个关系整个教育改革和教育现代化的系统性工程。

不管是哪一种定义，我们都可以看出，教育信息化非常强调将信息技术运用到教育过程中，从而推动教育发展。因此，教育信息化是一个变化的过程，是在信息化变动的前提下，实现教育变化的一个过程。通俗来讲，信息与教育的互动关系如同物体加速度与速度之间的关系，信息化程度越高，即加速度越大，教育这个物体的发展速度就会更快速地增长，这正体现了信息化发展与教育信息化内在的必然联系。信息化是教育信息化的基石，在信息化条件下发展起来的教育对现代的教育形式与内容所产生的影响会日益增大，由此必然会引起教育信息化的快速发展。

二、教育信息化的内容

教育信息化的核心内容是信息技术在教育中的应用，因此，教育信息化的内容都是围绕应用来展开的。各学者对教育信息化基本内容的认识主要有以下几种。

（1）教育信息化是信息技术在教育中的应用，其具体内容主要是：教育信息环境的完善、教育资源的建设和使用、人才的培养。

（2）教育信息化包括教师教育信息化、硬件设施、信息技术课和资源应用。

（3）教育信息化的内容可以分为信息网络基础设施建设，教育信息资源建设，信息技术的应用，信息化人才的培养和培训，教育信息技术产业，信息化政策、法规和标准。

（4）教育信息化的内容包括基础设施建设、环境建设、信息化资源建设、信息化人才培养、远程教育。

根据以上的几点认识，我们归纳出以下三点。

① 教育信息化的前提是环境的完善和教育资源的建设。

② 教育信息化的过程是将信息技术作为工具在教育中得到充分应用。

③ 教育信息化目的是实现信息技术型人才的培养。

这些说法都是正确的，但都侧重在方法和手段上，没有贴近教育的本质。教育的本质应该是对人本身的一种完善，在于培养一个完整的人，是人从不完善走向文明、完善的一个过程。培养文明、杰出的人是教育的终极目标。简单来说，教育就是“成人”的过程，或者说是人为的积极意义上的“成人”过程。教育信息化是教育的产物，所以它必然要符合教育“成人”的意义。否则，所有的工具、手段、过程都将毫无意义。

因此，我们认为，教育信息化的内容是：利用包括教育信息环境的完善、教育资源的建设与使用，以及培养师资信息化素养在内的多种信息技术在教育中的综合应用，来培养适应信息时代发展的人才的理论、工具、方法及过程的总和。

三、教育信息化的主要特征

教育信息化的特征可以从三个方面来探讨。祝智庭教授在《教育信息化的概念与特征》中提到了两个层面：一个是技术层面，另一个是教育层面。他认为，从技术上看，教育信息化的基本特点是数字化、多媒体化、网络化和智能化。数字化使教育信息技术系统的设备简单、性能可靠、标准统一。多媒体化使信息媒体设备一体化、信息表征多元化、真实现象虚拟化。网络化使信息资源可共享、活动时空少限制、人际合作易实现。智能化使系统能够做到教学行为人性化、人机通信自然化、繁杂任务代理化。而从教育层面来看，教育信息化包含七大特征：① 教材多媒体化；② 资源全球化；③ 教学个性化；④ 学习自主化；⑤ 活动合作化；⑥ 管理自动化；⑦ 环境虚拟化。

教育信息化的教育特征和技术特征非常明显，一般不容易为人们所忽视。其实除此两个方面，教育信息化的特征还应包括社会层面。由于人们对教育的认识往往不会涉及社会的层面，致使我们在探究教育信息化的过程中常常忽视教育的社会性。信息化的社会特征包括：明显的信息外溢性、极强的技术创新性、较高的经济效益性、强劲的产业带动性。因此从社会层面来看，教育信息化的特征也就有了四大特征。

（一）教育信息外溢性

教育信息外溢性其实就是教育资源的共享互补问题。信息化如果不能实现一个大范围内的信息共享，那么信息化就变成了失去翅膀的鸟，根本不能生存发展，更不可能实现对教育的贡献。因此这正是教育信息化的优势特征。

（二）教育技术的创新性

教育技术是教育信息化主要的理论与实践领域，因此教育技术的发展对于教育信息化来说至关重要。教育技术是指为了促进学习，对有关的过程和资源进行设计、开发、利用、管理和评价的理论和实践。因此教育技术的创新就是对设计、开发、利用、管理和评价的创新，既包括对硬件设施的创新，也包括对软件技术的创新。这是教育信息化的内容特征。

（三）教育效益理论性

以前说教育似乎与效益没有什么关系，其实效益放之于教育中，就是一种教育成果和教育投资的关系。要想让我们的教育投资有效益并且有意义，就需要使用教育效益理论。尤其是在教育信息化中，常常出现投资多、收获少，硬件好、软件差等问题，严重地影响了教育的效益。这是教育信息化的效益特征。

（四）强有力的产业带动性

教育信息化的发展必须依赖于信息化的发展。大量的研究结果显示，信息产业是一个产业链很长、产业感应度与带动度都很高的产业。如果这些相关的产业发展低迷，没有起到强有力的带动作用，那么教育信息化就成了空中楼阁、无本之树、无源之水。这一特征就是教育信息化的环境特征。

以上特征都是教育信息化区别于其他事物的重要属性，是我们进行教育信息化建设的理论由来。因此，这些重要的认识基础，对我们在教育信息化的建设中具有很重要的指导意义。

四、教育信息化的本质意义

教育信息化的来临必将改变我们所熟悉的教育模式、教育思想、教育观念和教育理论。随着信息化程度在教育领域的深入，教育将面临前所未有的机遇和挑战。我们应该看到，无限的发展空间与进步契机带给我们的不仅仅是希望与辉煌，还为我们带来了教育领域全新的理念和全新的模式，更为重要的是，为我们提出了新的发展要求与奋斗目标。教育信息化的概念与特征告诉人们教育信息化本身就是一种发展变化的过程，是站在教育、技术、社会三块基石上的新时代骄子。我们所做的任何研究与实践，归根结底都要在尊重其自身的基础上验证并完善其本质与特征。谁能对教育信息化理解得更深，谁能将教育信息化解释得更符合实际，谁就能够站在教育信息化探索的最前沿。

事物的特征往往显现在表层，抓住了事物的表面特征意味着对事物有了实践层面的应用能力。但如果能透过表面现象看到事物的本质，那就说明我们对事物的理解已经上升到了科学层次。当经历了一段时期的积累，关于事物的理论体系开始逐渐形成，于是在事物的实践层次与应用层次上便建立起哲学层次的理论，这是人类认识事物的规律。教育信息化是基于教育学理论与信息化技术的新事物，教育信息化虽然有很多不同的提法，也存在着很多的理论，但归根结底都离不开教育的本质和技术原性。

我们认为，透过教育信息化的技术特征、教育特征、社会特征来看其本质，相应地就产生了三个层次的本质，即技术层次的本质、学科层次的本质、哲学层次的本质。技术特征和社会特征对应的是技术层次的本质，教育特征对应着学科层次的本质，而哲学层次的本质则是前两种本质的统一和宏观总结。

（一）从技术层面看教育信息化本质

把信息看作一种工具，把信息技术看作一门技术，当在教育中积极地应用信息技术优化教学、促进学习、提高绩效时，就产生了教育信息化的技术本质：以提高教学效率为目的的信息技术在教育中的全面应用。例如，祝智庭教授认为，教育信息化是指在教育领域全面深入地运用现代化信息技术来促进教育改革和教育发展的过程。傅德荣教授认为，教育信息化是将信息作为教育系统的一种基本构成要素，并在教育的各个领域广泛地利用信息技术，促进教育现代化的过程。这两种表述不能说不正确，但它们强调的是以技术为核心对教育的改进过程，具有明显的应用实践的特点，用于指导教育信息化的具体实践很好，但用于总体学科性的把握就未必精准。那么什么样的本质概括才能精准地抓住教育信息化的学科本质呢？只有教育学特征后的教育信息化本质。

（二）从学科层面看教育信息化本质

对应着教育信息化技术本质把信息看作工具，其学科本质则把信息看作“成人”的环境。当人在这种信息化的环境当中通过一定的教育引导完成知识“成人”和精神“成人”的过程时，就产生了教育信息化的学科本质：在信息化的环境中培养具有时代特征的完整的人。这是回归教育本质对教育信息化的认识。前面曾讲到教育的本质意义在于培养完整的人。教育的本质应是对人本身的一种完善，是人从不完善走向文明、完善的一个过程，培养文明、杰出的人才是教育的终极目标。简单来说，教育就是“成人”的过程，或者说是人为的积极意义上的“成人”过程。教育信息化是教育的产物，这就注定它必然要符合教育“成人”的意义。否则，所有的工具、手段、过程都将毫无意义。

基于教育学科的特点并结合信息技术，笔者认为，教育信息化是利用信息技术创造出一系列的教育环境，并应用到对人才的培养，从而提高全民综合素质，尤其是通过信息素养的提高来塑造适应信息化时代发展的新一代复合型人才的全部过程。

（三）从哲学层面看教育信息化的本质

哲学是教育的普遍原理，在教育中起到思辨、批判、规范的作用。道理很简单，哲学是一门宏观意义上的科学，我们称之为科学的科学。故教育信息化的发展从哲学层面来看只是对传统教育的批判、思辨与规范的结果。

柏拉图曾说，“教育在其最高的意义上而言就是哲学”，即教育的本质方向，这个方向决定着教育实践与作为抽象价值的“真理”的关系。因而这个方向就是教育的本质、教育的目标和教育的理念。这个意义告诉我们，教育作为一种人类特殊的生产活动，需要遵循一种理想的理念。这种理念就如同手工艺者以一种理想形式为依据制作床和桌子。人类教育需要从哲学中寻找一种理想模型，即一种理想化的教育哲学理念，以此来指导我们的教育教学形式。

理想化的教育哲学理念应当把心灵的塑造、人格的养成、知识的积累、批判精神贯穿、创新思维的培养看作是教育的本质意义，而且在很大程度上心灵的塑造和人格的养成，即对真善美的追求应当比知识本身更为重要。从这个角度出发，教育信息化的本质应该是这样的：在传统教育的批判基础上，信息技术自然地融入心灵塑造和人格培养方法，以规范传统教育，进行新一轮关于现代社会的知识积累、思维培养的思辨过程。

第二节 教育信息化的产生与发展

教育信息化建设对转变教育思想和教育观念，促进教育改革，加快教育的现代化发展具有积极的作用，对于深化基础教育改革，提高高等教育质量和效益，培养具有创新能力的新时代人才更具深远的现实意义。教育信息化不仅是改革传统教育培养模式的有效途径，更是提高国民素质的重要措施。因此，自 20 世纪 90 年代美国提出后，“教育信息化”这一概念便始终是各国教育发展中考虑的重要因素。

一、教育信息化的产生

现代电子计算机技术的飞速发展，离不开人类科技知识的积累，而知识的积累又是教育的长期性成果，也正是这样一代代的积累才构筑了当今的“信息化大厦”。下面让我们来回顾一下教育信息化的背景。

1623 年，威廉·斯奇卡（1592—1635）制作了一个能进行 6 位数以内加减法运算，并能通过铃声输出答案的“计算钟”，它标志着人类历史上机器运算的开始。人类以机械方式运行的计算器历经百年沉淀之后，随着电子技术的突飞猛进，开始了真正意义上向电子时代的过渡。电子器件逐渐演变为计算机的主体，而机械部件则渐渐退于从属位置。二者地位发生转化的同时，计算机也正式开始了由量到质的转变，由此促成了电子计算机的问世。

1946 年 2 月，第一台电子计算机 ENIAC 在美国加利福尼亚州诞生。ENIAC 用了 18 000 个电子管和 86 000 个其他电子元件，有两个教室那么大，运算速度却只有每秒 300 次或每秒 5000 次加法运算，耗资 100 万美元以上。它揭开了计算机时代的序幕。

计算机的产生极大地拓展了人们的数值运算和逻辑运算能力，可以将其看作是人类大脑的延伸。运算能力的拓展促进了知识的传播，于是互联网多媒体技术的发展成为必然。Internet 最早起源于美国的 ARPAnet，该网于 1969 年投入使用，最初用于军事领域。让互联网真正飞速发展的是 1987 年商业化互联网的诞生，计算机的日益普及和互联网商业化的发展让巨大的地球成了“地球村”，信息的传播能力空前发展，并且以极快的速度改变着人们的生活方式，信息化应运而生。信息化带给人们生活方式的改变绝不仅仅是一种技术在社会中的应用，而是整个社会的变革，标志着一个新时代的诞生。

信息化的到来对教育的影响也同样深刻，而且意义重大。一方面要求教育顺应信息时代的发展需要；另一方面要求教育能培养出大量的信息化高素质人才。那么，信息时代的人才与之前的工业社会人才要求有什么不同呢？概括来说，在一个信息爆炸、知识高速增长的信息化社会，“告诉他知识的公民”将不再受到欢迎，社会更需要的是“有知识的公民”。诺贝尔奖获得者、著名认知心理学家赫伯特·西蒙（Herbert Simon）曾这样指出：在以往，“知道”意味着记忆中留下的东西，即拥有一系列知识。但到了今天，要靠个人或某些机构“记忆”或拥有的知识实在太多了，即使图书馆也无力收藏哪怕是全球信息和知识中的一小部分。所以，应将“知道”看成是掌握信息处理的“方法”。

分析社会发展的历史进程，我们不难发现：信息化为教育带来了空前发展的机遇，带动了教育信息化的革命。教育又需要通过自身的变革来不断满足信息化社会发展的各种需要，其中信息化人才的培养成为当前教育的重任，教育信息化便应时所需地产生了，这便是教育信息化产生的大背景。“教育信息化”这一概念是在 20 世纪 90 年代伴随着信息高速公路的兴建而提出的，其核心是把 IT 在教育中的应用作为实施 21 世纪教育改革的重要途径。我国自 20 世纪 90 年代末开始，随着网络技术的迅速普及，整个社会的发展与信息技术的关系愈加紧密，人们越来越关注信息技术对社会发展的影响，“教育信息化”的概念也随之出现，并逐渐形成理论体系。

信息化时代可以更加便捷地获得和使用信息，从而促使了社会发展速度的加快。信息时代的教育正是由于信息化的引入而发展成为超越时空、资源共享的现代化教育。所以，教育信息化是教育现代化发展的必然结果。

二、国外教育信息化的建设与发展

（一）美国教育信息化的建设与发展

美国自 1993 年 9 月正式提出建设“国家信息基础设施”（National information infrastructure，NII）以来，一直特别重视教育信息化的建设，当时就确定了学生每人一机、教师用计算机如同用白板一样熟练的计划。早在 1996 年，美国就表示到 2000 年必须实施 100% 的学校与国际互联网连通，使美国从小学到大学都实行“人、机、路、网”成片的唯一国家。这一做法无疑是为了抢占国际教育信息化的制高点，利用教育信息化的迅速发展来培养大量现代化的信息人才，以带动国家的政治、经济、科教、文化等多方面发展，从而巩固其所谓的世界霸主地位。因此，美国对教育信息化建设极其重视，将其视为面向未来的高效益投资。到 1997 年 2 月 13 日，美国教育部又发表了与时任总统克林顿教育行动纲领相应的举措说明，其中教育信息化的条款占有重要地位，如使所有教师都能够掌握现代化计算机技术，为教师帮助学生掌握计算机技术提供培训和资助。为实施美国教育行动计划，1998 年美国政府投入 510 亿美元巨资，旨在使每一位美国公民都能利用信息技术进行终身学习。为了尽快实现这一目标，美国首先从中小学教师的教育信息化应用培训开始。在各方面积极的推动下，美国的教育信息化建设取得了迅猛的发展。据统计，在美国，通过网络进行学习的人数正以每年 300% 以上的速度增长。21 世纪初，已经有超过 7000 万美国人通过网络获得知识和工作技能、技术，超过 60% 的企业通过网络进行员工的培训和继续教育。1994 年，美国与网络连通的学校只有 3%；1999 年，这个数字已被改写成 63%；2000 年，这个数字又被刷新为90%以上。据2000年5月的《财富》杂志报道，美国教育和培训的产值达到7720亿美元，占国民生产总值的9%。

在远程教育的信息化方面，美国具有学校参与众多、媒体技术多样、社会公司参与度高及服务面宽等特点。据美国联邦教育部国家教育统计中心对高等教育机构远程教育的调查，1998年，美国5020所大学中有1690所提供远程教育课程，占高等学校总数的34%，约166万名学生注册接受各种形式的远程高等教育，占所有类型高校在校生总数（约为1434万人）的11.6%。美国国际数据公司的数据显示，1999年美国远程教育的年收入大约是6亿美元，到2002年这个数字上升到100亿美元。

近年来，美国信息技术教学工具在教学中应用的发展都非常迅猛。例如，目前已有86.4%的美国高校在教学中使用计算机辅助软件进行教学，69.5%的美国高校使用E-mail和BBS进行课堂讨论、收取作业等教学活动，58.3%的高校正在使用各种光盘教学资源来辅助教学。

诚然，如此迅猛的发展离不开美国强有力的经济实力，但是美国政府对教育信息化建设的重视也不可忽视。在种种优越的条件下，美国的教育信息化建设取得了辉煌的成就，而且这些成就必将在整个21世纪影响美国的综合国力与世界地位。

（二）欧洲各国教育信息化的建设与发展

欧洲各国的信息化建设不尽相同，情况较为复杂。1996年开始，俄罗斯教育科学院拟定的11项教育科研战略明确了教育信息化要走独联体与东欧各国建立教育信息化技术联合体的所谓大斯拉夫体系之路。这可以说是世界教育信息化在俄罗斯的缩影。

1998年年初，法国教育部长克洛德·阿莱格尔宣布，法国制定三年教育信息化发展方案，重点放在教育信息化发展对相应信息教育师资的培训上，着重提高信息教育师资应用多媒体教学的水平和计算机操作水平，从而提高现有信息设备的使用效率，使法国由当时的初中32人一台计算机、高中12人一台计算机的水平，提高到初中16人一台计算机、高中6人一台计算机的标准。

英国政府于1995年推出一个题为“教育高速公路：前进之路”的议案。到1998年以立法形式规定，在全体中小学中将原来的信息技术课程由选修课全部改为必修课，并拟定中学信息技术课评价的九项标准。在政府投入的教育经费中，法定的6%必须作为学校专款专用的计算机购置费，以保证英国20%中小学真正使用Internet，其中中学占85%，小学占15%。1999年，信息技术课程更名为信息与通信技术（ICT）课程，并公布了信息与通信技术课程标准。

芬兰教育部于1995年提出一个题为“信息社会中的教育、培训与研究：国家战略”的五年计划，规定到2000年时全部学校和教育机构联网。

意大利教育部于1995年提出一个行动计划，预计在2005年前为20%的小学和30%的中学配备多媒体设备与软件。

（三）亚洲各国教育信息化的建设与发展

在亚洲各国的教育信息化建设中，日本的势头强劲，一度有超美夺魁的趋势。日本文部省于 1990 年提出一项九年行动计划，拟为全部学校配备多媒体硬件和软件设施，训练教师在教学中使用多媒体，支持先进技术的教育应用。1994 年又建立了“百校联网工程”。1997 年 1 月 19 日，日本开设“教育信息化方法与技术”的教职课程。1998 年 7 月 29 日，日本教育课程审议会发表了题为“关于教育课程基本走向”的咨询报告书，进一步明确了信息教育课程的运作细则。

作为亚洲地区信息技术产业较发达的国家，韩国的教育信息化建设起步也较早，并且发展迅速。2002 年《中国信息导报》刊登张雪莲名为“韩国 IT 产业发展一瞥”一文，报道上说：“韩国是世界上第一个将国际互联网接入中小学的国家，也是世界上第一个向中小学和高等学校免费提供国际互联网接入服务的国家。”韩国于 1995 年 5 月 31 日，由教改委员会制定了《建立主导世界化、信息化时代新教育体制的教育改革》方案。1999 年，韩国政府开始在高中阶段实行信息素养认证制度，并启动《中小学信息通信技术必修化计划》。

新加坡 1996 年推出全国教育信息化计划，拟投资 20 亿美元使全国每个家庭和每间教室连通 Internet，做到每两位学生一台计算机，每位教师一台笔记本式计算机。1997—2002 年的麻省理工学院（Massachusetts Institute of Technology，MIT）总体教育信息化规划中，要求 1999 年全国教师接受 MIT 应用能力培训，并把它作为师资资格聘用的重要考核标准之一。

（四）各国教育信息化发展趋势的比较

物质（材料）、能量、信息是构成现实世界不可缺少的三大要素。其中，信息资源成为人类生存的首要资源。20 世纪，石油被喻为工业经济发动机的燃料，而到了 21 世纪，信息则成为知识经济发动机的“燃料”。信息化社会的发展呼唤教育信息化时代的到来。所以世界各国都非常重视国内教育信息化的建设，有条件的国家几乎都将未来人才的竞争集中在信息化人才的竞争上。

从教育信息化发展来看，早期的发展主要体现在信息化资源建设上，如信息网络基础设施建设、教育信息资源建设等方面，这一发展阶段主要以“技术中心论”为发展指导思想。在教育信息化发展到一定的阶段，即教育信息化的资源建设已经基本形成时，如何利用教育信息化资源为人才的培养服务就成了主要问题，而教育信息化理论与实践的研究也由“技术论”转向教育学科论。经过长时期的研究和积累，教育信息化深度融入信息化社会，于是教育信息化进入了高度发展的社会化阶段。教育信息化发展离不开这三个阶段，但这三个阶段并不是在发展中可以清楚划分的，而是在一定时期彼此都有渗透和发展，只是在不同时期信息化建设的侧重点不同而已。

1. 从信息化资源建设方面看各国教育信息化发展

美国是教育信息化资源建设最早、发展速度最快的国家之一，所以其信息化的程度也相对较高。欧洲各国的发展情况较复杂，这与欧洲各国的国家发展的复杂情况分不开。亚洲的国家中，日本、韩国、新加坡发展速度较快，其他一些国家可能存在着地区差异，既有快速发展的地区，也有较落后、发展缓慢的地区。

2. 从理论与应用方面看各国教育信息化的发展

教育信息化资源建设最快和信息技术应用程度最高的国家毫无疑问集中在发达国家，因而发达国家教育信息化的理论发展也非常成熟。例如，美国在教育信息化的应用上，将以网络化、多媒体化和智能化为特征的现代信息技术（IT）深入教育教学的方方面面，在理论与应用上显得老成稳重。美国克莱蒙特研究生院的访问学者肯内思·C. 格林从 1991 年开始，每年都对美国大学的计算机使用情况进行一次调查。这是目前美国规模最大、影响最广的校园计算机使用情况调查，每年调查的对象约为 650 所大学。调查结果比较客观地反映了美国大学教学活动中采用现代信息技术的状况。据其在 1996 年的调查结果显示，美国大学有 27% 的课程是在装备有计算机的教室进行的，25% 的课程在教学中使用电子邮件（E-mail），15% 的课程在教学中使用了计算机模拟和演练，有 18% 的课程使用了商业性的课程软件，12% 的课程在教学中采用了多媒体技术，8% 的课程利用了光盘教材，50% 以上的学校已经建立了技术中心，12.5% 的学校建立了奖励制度（即对在教学中积极采用现代信息技术的教师给予奖励）。

但这并不是说教育信息化理论发展最快的就是美国等发达国家，恰恰相反，教育信息化理论发展最快的是以中国为代表的发展中国家。

其一，发展中国家在教育信息化的发展中充分借鉴和利用发达国家在建设中的经验教训，并在实践中很快形成自身的理论特点。这从中国近年教育信息化发展研究资料的外文引用的增加、关于教育信息化资料的译文的增多以及主办的国际化教育信息化大会等方面都有不同程度的体现。

其二，发达国家教育信息化领先的同时，也需要花费更大的人力进行未来发展的研究。而教育信息化发展到一定时期以后就会出现所谓的“高原反应”，即以往的以技术、资源建设为中心的“技术论”已经不能适应教育信息化的发展，反而成为限制其发展的思想桎梏，极大地限制了教育信息化研究的视域。虽然到 2007 年中国的教育信息化还没有完全从第一阶段（资源建设阶段）中解放出来，但已经看到了教育信息化的视野问题。从马德四教授的《教育信息化本质研究——教育学视角》可以看出，中国在教育技术学的理论发展方面已经非常超前，而目前笔者资料所及还没有看到发达国家有关教育信息化视角问题的专门讨论。

其三，教育信息化的发展还有待于新的教育理论的出现和技术的创新。在这方面，各个国家的教育理论发展与技术创新情况很不相同。发达国家与发展中国家的教育理论认识水平各有所长，技术创新也层出不穷。因而很难说哪一个国家的更好，因为这里有一个符合国家发展状况的比较。

综观世界各地的教育信息化发展局势，祝智庭教授将之概括为四句话：美国一马当先，欧洲稳步前进，亚洲后来居上，中国奋起直追。笔者认为若改为“美国一马当先，欧洲参差前进，亚洲后来居上，中国奋起直追”似乎更妥。因为欧洲教育信息化资源建设上虽然有稳步推进的例子，如欧盟政府也发布了《信息社会的学习：欧洲教育创意行动规划》，旨在加速学校的信息化进程，同时也推出了多项有关教育信息化和教育改革的开发计划；但是由于欧洲各国的发展情况复杂，发达的如德国、法国、英国信息化程度非常高，次一点的有比利时、荷兰和瑞士在教育信息化的资源建设上也很快，差一些如中欧的波兰、捷克、斯洛伐克、匈牙利，东欧的爱沙尼亚、拉脱维亚、立陶宛、白俄罗斯、乌克兰、摩尔多瓦以及南欧的意大利、梵蒂冈、圣马力诺、马耳他、西班牙等国家则多以发展中国家为主，其教育信息化建设程度也就参差不齐。所以从全欧整体面貌来看，欧洲的教育信息化是以差异性和复杂性为主。其实不仅欧洲的教育信息化发展复杂多变，整个国际教育信息化发展也呈参差复杂的特点。

三、我国教育信息化的建设发展历史回顾与现状分析

我国教育信息化从 20 世纪 90 年代在硬件落后、软件缺乏的情况下，一路走来实属不易。目前，中国的教育信息化在各方面都取得了重大突破，主要体现在：中国教育和科研计算机网、中国教育卫星宽带传输网系统的建成；中国教育和科研计算机网已建成 2 万公里高速传输网，覆盖全国近 30 个城市，近 100 所高校的校园网与其连通；中国教育卫星宽带传输网已经实现了与中国教育和科研计算机网的高速连接，初步形成了“天地合一”的、具有交互功能的信息平台。

随着教育信息化环境资源建设的完善，教育信息化的理论与实践的研究也得到进一步的发展，先后出现了很多关于教育信息化的专门的研究成果。教育信息化的研究从单一视角的研究，即技术视角，如祝智庭的《教育信息化的技术哲学观》等，发展到包括社会学视角、教育学视角的多方位、多视角的整体性研究，如蔡连玉的《教育信息化的概念内涵：社会学的视角》、马德四的《教育信息化本质研究——教育学视角》等。但是，我国教育信息化的问题依然严峻，从信息技术视角看主要表现在经费、管理和技术方面。从社会视角看，教育信息化的快速发展主要是设备建设的进展，由于没有从根本上省思教育信息化的真正内涵，造成设备大量购置后又大量闲置的惊人浪费现象。从教育视角看主要表现在教育中还没有找到将信息技术深层次延伸到教学各个环节的途径，信息技术在教育教学当中的应用还很难与师生的“生命成长”产生共鸣，使教育信息化出现了快速发展的“高原反应”。关于“高原反应”在马德四的论文中是这样描述的：在技术学理论框架下，教育信息化研究更多的是关注教育中的信息技术学习、信息技术教学应用模式等技术问题，而对于信息技术与人的生命发展、人在数字虚拟世界中的发展等问题却“力不从心”，或者连“心”都未曾有过。因此，技术学视角局限性影响了教育信息化的进一步发展，“高原反应”是这种研究状况的真实写照。

我国的社会和教育目前正处于转型时期，在这个关键的时候教育信息化发展的速度不可谓不快，然而问题也不可谓不严重。如何正确认识和面对我国教育信息化；如何把握住教育信息化转型时期的核心，将信息技术深度融入教育教学的环境中，从而推动师生的“生命成长”，这些都要求我们对我国的教育信息化的历史与现状做一个

全面深刻的剖析。

（一）我国教育信息化的发展历程

改革开放40多年来，我国政府一向重视现代化教育。早在1978年，我国就创办了中国广播电视大学。1986年，中国教育电视台（CETV）创建。1997年年底，我国已经建立教育电视台、收转台940多座。卫星电视地面接收站超过1.6万座，放像点6.6万多个，建立了三个卫星教育频道。1995年，中国教育与科研互联网（CETNET）建立，为我国教育信息化奠定了基础。CERNET的成功建设和“211”工程重点建设，带动了地区网络、省网络和校园网络的建设，实现了省际的网络互联。现在，它已连接了400多所高校，每天有30多万人上网工作。部分地区、中小学上网已成为热点。1998年，我国又批准了清华大学等四所普通高校采用数字压缩技术和ATM技术开始进行远程教育试点工作。中央广播电视大学也通过电话和CEKNET反馈，实现了非实时交互式的远程教学。

1999年6月，《中共中央 国务院关于深化教育改革全面推进素质教育的决定》发布，其中第15条指出“大力提高教育技术手段的现代化水平和教育信息化程度”。这是“教育信息化”首次出现在中央政府文件中。

2006年5月，中共中央办公厅、国务院办公厅印发《2006—2020年国家信息化发展战略》，提出实施国民信息技能教育培训计划、网络媒体信息资源开发利用计划、缩小数字鸿沟计划等，在国家信息化的战略部署中涵盖了与教育信息化相关的规划内容。

2006—2010年，党中央、国务院先后制定了《国家中长期科学和技术发展规划纲要（2006—2020年）》《国家中长期人才发展规划纲要（2010—2020年）》《国家中长期教育改革和发展规划纲要（2010—2020年）》（以下简称《教育规划纲要》）。这三大规划纲要成为新世纪新阶段我国深入实施科教兴国战略、人才强国战略、可持续发展战略的关键举措，目标都定位在2020年，努力使我国跻身于世界人力资源强国、人才强国和创新型国家行列。其中，《教育规划纲要》特别指出“信息技术对教育发展具有革命性影响，必须予以高度重视”，明确要求“加快教育信息化进程”，用单独一章从基础设施、资源与应用、管理信息化这三个方面对教育信息化工作进行了总体部署，并将“教育信息化建设”列为重点推进的十大工程之一，将教育信息化的战略地位置于前所未有的高度。

2012年3月，教育部印发《教育信息化十年发展规划（2011—2020年）》（以下简称《教育信息化规划》），明确提出“到2020年，全面完成《教育规划纲要》所提出的教育信息化目标任务，形成与国家教育现代化发展目标相适应的教育信息化体系”。

2013年11月，中共十八届三中全会进一步强调了教育信息化对促进教育公平的作用，明确提出构建利用信息化手段扩大优质教育资源覆盖面的有效机制，逐步缩小区域、城乡、校际差距。不仅明确了教育信息化的重要地位，而且指出了当前教育信息化的发展重点。

教育信息化是国家信息化建设的重要组成部分和战略重点，具有基础性、战略性、全局性地位。教育信息化既是教育现代化的重要标志，也是实现教育现代化的基础支撑和必要手段。离开了教育的信息化，就谈不上教育的现代化。教育信息化的重要性无论怎么强调都不过分，无论是促进教育公平还是提高教育质量，都离不开信息化。以教育信息化带动教育现代化是我国教育改革和发展的战略选择。

中国国际远程教育大会上的资料显示：普通高校网络教育办学规模不断扩大，成为成人与继续教育主流发展趋势；广播电视大学系统完成总结性评估，八年开放教育试点取得阶段性成果；校外学习中心建设遍布全国，形成覆盖各地的教育服务网络；公共服务体系建设取得突破性进展，“数字化学习港”将对远程教育产生变革；企业导入 E-Learning 风起云涌，创建企业在线大学蔚然成风；网络职业教育需求增长，取得飞速发展；信息化手段在社区教育中应用，远程教育走进千家万户；移动教育破土而出、前景无限……农村中小学现代远程教育工程、农村党员干部现代远程教育、全国中小学教师国家远程培训等项目陆续实施，中国的现代远程教育迎来快速发展期，逐渐步入一个崭新的发展阶段。

（二）我国教育信息化的现状分析

1. 调查分析

调查显示，我国华南地区和华中地区相对西部地区而言，教育信息化建设的总体水平较高。随着西部大开发的推进，西部的教育信息化硬件建设将加快步伐。目前总体情况是地区差异大，硬件投入有限。硬件投入内容主要有以下方面：校园网建设，包括信息中心、多功能教室、学校办公网、电子备课室、虚拟图书馆、计算机网络教室等；多媒体课件制作技术的应用；基于 Internet 的网上教学；数字化技术在教育上的发展与应用；城域教育网的建设，包括教育管理中心、城域教育网的远程教育中心、城域教育网的教学资源中心等。各种调查数据还显示了教育信息化投资与建设成果之间的关系：存在相互增长的内在联系，但并不成正比例关系。这就要求我们在教育信息化建设中，不仅要重视整体的投入，还应明白，不是投入了资金、拥有了硬件就意味着教育信息化的建设已大功告成。其实我国在教育信息技术上的总体投入并不少，如我国教育科研网在 2000 年到 2001 年之间提速，仅其中的主干网就耗资 2.2 亿元，但资金流向不尽合理，宝贵的资金未用在刀刃上，造成了资金的投入与在教育中产生的效果极不相称的局面。所有这些情况，一方面是因为我们对教育信息化的建设经验不足，急于求成；另一方面则是投资时缺乏综合性的长远考虑。这都是我们以后在硬件投资过程中要认真面对的重要问题。

2. 取得的成绩

近年来我国教育信息化取得了重大进展，归结起来主要有六个方面的重大突破。

（1）教育信息化基础设施建设初具规模。

（2）教育软件建设硕果累累。

（3）现代远程教育工程建设取得重大进展。

（4）培养出大批适应社会需求的信息化人才。

（5）教育信息产业得到较大发展。

（6）教育信息化政策、法规和标准的制定。

此外，从社会环境来看，教育信息化已经成为我国 IT 业必争的宝地，我国教育信息化建设将拥有坚实的经济与技术基础。信息化在全国各地、各类教育机构中迅速展开，并且形成了巨大的 IT 需求市场。这就是说，中国的教育信息化建设其实已经具备了相当的经济潜力，这将保证中国教育信息化建设的长足发展。

3. 发展误区

随着技术的发展和开发者对教育信息化理解的不断加深，未来的教育资源建设将会不断成熟和完善，并向普及化、专业化、地方化、个性化四个方向发展。然而在技术发展与运用过程中，教育信息化却出现了八个误区。这八大误区有的是因为思想意识不到位，有的是因为技术水平相对滞后，还有一些是缺乏统筹规划、盲目建设造成的。

（1）瓶颈现象。教育信息化只有在信息大量流通共享的前提下，才能发挥信息化的优势，才能将教育推动起来。然而，我国教育信息技术却出现信息进出阻滞的严重现象，其根本原因不在教育信息化，而在于信息化在我国的发展本身就存在着很多需要重视和解决的不利因素。正如《2006—2020 年国家信息化发展战略》所分析的那样，我国的信息化存在很多值得重视的问题，这些问题在很大程度上反映了教育信息化过程中的“瓶颈现象”。主要表现为以下几点。

① 信息技术自主创新能力不足。核心技术和关键装备主要依赖进口。以企业为主体的创新体系亟待完善，自主装备能力亟需增强。

② 信息技术应用水平不高。在整体上，应用水平落后于实际需求，信息技术的潜能尚未得到充分挖掘；在部分领域和地区应用效果不够明显。

③ 数字鸿沟有所扩大。信息技术应用水平与先进国家相比存在较大差距。国内不同地区、不同领域、不同群体的信息技术应用水平和网络普及程度很不平衡，城乡、区域和行业的差距有扩大趋势，成为影响协调发展的新因素。

（2）软件“孤岛”现象严重。目前各个软件厂商提供的应用软件缺少交互操作能力，无法共享信息和交换数据。这使信息与数据被封锁在各自的狭小范围内得不到资源的共享互补。而软件“孤岛”现象是由多方面原因造成的。例如，某学校在校园教学信息化建设中花费 30 万元购得综合教学软件一套，希望能改变学校传统的教育教学模式。但是在使用过程中发现该软件存在很多问题。比如，老师希望能通过网络视频与学习的每一位同学进行语音视频交流，其他的任何一位同学也可以随时通过语音教室或者在某个地方上网时共同参与。但是语音视频教学开通后，整个计算机的运行速度变得非常慢，视频不流畅，语音时断时续。因此，这位老师只能通过传统的口授方式给学生进行讲解，但是这样一来老师课前准备的很多生动的视频材料便无法与学生同时分享。后来校方多次与软件生产商进行协商，生产商经过测试发现该软件最大连通数为 60 台学生机，但学校上公共课连通了 120 台，于是生产商对软件进行了改进并交付给学校。学校在使用过程中发现问题依旧，经过双方多次检查和调试，最后发现学校使用人员在软件安装与设置上都存在诸多问题。这个例子告诉我们，我国教育信息化的软件“孤岛”现象最主要的原因是：① 软件开发周期长，产品滞后，不能适应实际教学的需要；② 使用人员的信息化素质不够，很多本可以解决的问题却由于人为因素造成资源的不合理使用。

（3）综合路径缺乏，导致信息获取困难。目前的教育信息化的信息猎取没有一个统一的综合路径来实现各种教育资源的传递收集。用户只有通过不同的应用软件和渠道才能获得各方面的信息，而无法通过统一的入口、形式获得这些信息和数据。这就造成了用户信息收集的困难。

（4）信息管理不够，造成资源建设浪费。各种因素制约，信息化管理体制尚不完善，电信监管体制改革有待深化，信息化法制建设需要进一步加快。很多的教育部门和教育机构，尤其是中小学，往往把是否建成局域网看作是教育信息化的标准，却没有考虑到建成之后对信息的有效管理，从而使硬件强、软件弱，不能正常发挥信息化资源的优势，造成了大量的浪费。

（5）教育资源狭隘化。网络需要大量数字化教育资源内容的支撑，这导致学校对教育资源库产品的需求不断升温，但是当前的情况却很不理想，大量的无用信息与落后资源都打着“教育资源”的旗帜招摇撞骗，这不仅冲乱了原有的教育信息结构，影响了人们对教育信息化资源的信赖，还直接导致了教育资源的狭隘化。

（6）技术落后暗藏安全隐患。在全球范围内，计算机病毒、网络攻击、垃圾邮件、系统漏洞、网络窃密、虚假有害信息和网络违法犯罪等问题日渐突出，若应对不当，可能会给我国经济社会发展和国家安全带来不利影响。目前国内大量城域网的应用软件已严重落后于当今技术的发展，但是有的商家为了一时利益，为了抢占市场，不顾长远发展，让学校直接操纵城域教育网中心站的数据库，导致了极大的安全隐患。

（7）使用烦琐，操作复杂。信息化的发展要求对资源的操作触手可及，可是由于现在的教育软件相对落后，教育工作者往往要经过许多复杂程序才能找到自己所需的数据。烦琐的操作把人们挡在了信息大门之外。另外，信息资源设备的开发者在信息化产品设计上也存在着诸多的不足。

（8）专业化优势不突出。评价教育资源建设成熟与否的标准是：普及化、专业化、地方化、个性化等的发展程度。而我国当前的专业化发展很不明显。主要表现在三个方面：第一，应用教育资源缺乏专业化的主导优势；第二，信息管理上没有专业化的统一标准；第三，现代教师缺少专业化的信息素养。

（三）与国外教育信息化水平的比较

教育信息化水平受制于一个国家社会信息化的总体水平的发展程度，而社会信息化水平的发展又受制于一个国家经济水平的发展程度。我国的经济发展水平决定了我国发展教育信息化具有自己的特点。以美国为代表的发达国家在教育信息化上使用的方法是：以强大的经济实力和高信息技术为后盾，拉动教育信息化的迅速发展，再借助教育信息化的发展来大力支持教育变革的实现。而对于中国来说，在教育信息化的道路上，我们既不能采用发达国家的方式，也不能采用日本和新加坡那样一上马就要一步登天的方式。首先我国是人口大国，其次是发展中国家，而且全国各地区的经济发展极不均衡，这就致使我国的教育信息化建设与国外诸国相比具有五大差异：时间差、空间差、理论差、经验差、实力差。

1. 时间差

时间差是指中国教育信息化的建设从发展时间上讲，要比美国这样的发达国家晚一些，也就是说在起步时间上有差异。20 世纪 90 年代，美国率先提出了建设“国家信息基础设施”，而后一路领先；西方各国也不甘示弱，纷纷将教育信息化的发展列为重点。法国制定了三年教育信息化发展方案；英国也早在 20 世纪 90 年代就以立法形式，把信息教育列为重点课程，以抢占世界教育新的制高点。而我国在 1999 年才将教育信息化这一名词正式用在教育政策中加以强调，并且在发展过程中又发现信息化程度相对滞后，不能有效拉动教育信息化的发展。因此，我国教育信息化建设要好好地借鉴西方国家的先进经验，但是绝不能把中国的教育信息化建设等同于西方，更不能邯郸学步地走西方的教育信息化之路。

2. 空间差

所谓空间差是指中国目前各个地区的信息化程度差异太大。从教育信息化整体建设状况图与教育信息化整体投入状况图中，可以明显地看出：华中、华南地区无论是在整体投入还是在整体建设上，都要强于西部，这也和地区经济发展不平衡相一致。我国沿海地区经济相对发达，而内地尤其是西部地区的经济水平相比之下要低一些。这就使我国在教育信息化的建设中要面临很多复杂问题，不仅东西南北的地区差异大，就是同在一个省，地方差异也很明显。面对这种经济基础与信息化程度不一致的情况，我们当然不可能像新加坡一样“一步登天”了。

3. 理论差

所谓理论差，一方面指我国的教育信息化理论与国外相比有着历史发展的差距，这主要包括教育信息实践的经验差；另一方面指的是我国教育信息化建设的理论与国外理论相比存在着诸多差异，包括认识理论差、文化理论差。这就使我国对国外信息化的分析研究，多少存在着一些误解，而且在我们借鉴学习中，也多少会影响到我们的观念。

从经验差距来看，教育信息化的发展还有待于新教育理论的出现和技术的创新。我国的教育信息化理论发展很快，就理论研究的发展速度而言比西方发达国家或许还快一些。但是这种速度是属于追赶速度，也就是说，我们的理论水平与已发展起完整的教育信息化理论的发达国家相比还有很大差距。虽然这种差距在缩小，但仍然不容忽视。

从差异情况来看，教育信息化的建设首先是从观念上转变，而观念的转变就要求我们的理论要走在前面。目前我国教育信息化建设中的理论误区就是，总是希望能从别国找到一些依据，而忽视了我国是一个超级大国，有其自身的发展特点。如果事事借鉴他国的理论，再从中吸取经验（当然这也不失为一个好办法），那我们的理论是永远也不可能领先于别人的。这样一来，我们的观念又怎么能转变得既符合国情又顺应时代呢？所以，我们必须在吸收国内外各种先进思想的基础上，创造性地开创出具有中国特色的教育信息化理论。目前的教育信息化的理论来源还主要是基于教育技术中的理论，而教育技术只是教育信息化的一部分而已。对于最近出现的教育信息化的社会化研究，笔者认为非常有意义，我们应当走在理论的更前列。

4. 经验差

教育信息化建设是教育行业中的新事物，对我们来讲很多都是未知数。因此在进行教育信息化的建设时，我们必然会因经验不足引出很多困难。一方面我们可能会从别国的建设过程中得到一定的启示，从而解决一些问题；另一方面由于国情不同，我们所遇到的问题未必就是人家的问题。因此，我们也要独立地解决相当多的新问题。只有不断地积累更多新的实践经验，总结更多新的合理方法与思路，才能应付和解决我们教育信息化发展中遇到的新问题。这就需要我们自己去努力探索，不断研究，这样才能将教育信息化这项伟大的事业推动起来，保证我们的教育信息化能高效地引导我国的教育向好的方向变革。

5. 实力差

众所周知，我国正处在社会主义初级阶段，论国家富强、经济实力都还和西方发达国家有很大的差距，因而在教育信息化的建设中，必然存在国家实力上的差异。美国从 1996 年开始全面推进教育信息化以来，到 2000 年已基本完成了教育信息基础设施的建设。我们知道教育信息化要建立在信息化的基础之上才能发展起来，而信息化的发展就必须建设在先进的技术与强大的经济实力基础之上。我国目前的经济实力总体水平还比较落后，我们要进行教育信息化建设，实力差异是我们必须要面对的现实。

总而言之，国内外教育信息化的热情一浪高过一浪。我国虽然奋起直追，但是就目前的情况看来，我国教育信息化的发展障碍确实是“过了一山又一山”，路不平坦，这要靠我们的步子走稳走快。教育信息化的竞争既是当前教育现代竞争的一个方面，又是未来人才竞争的前奏。要夺取教育领域的制高点，要拥有赢得未来的力量，就要直面教育信息化的五大差异，力克五大弱势；就要将人才战略同教育信息化发展战略结合起来，分析出我国教育信息化的发展现状，不断克服前进中的困难与弱点；要了解国内外发展情况，看到不足，知道差距，迎难勇进，积极为自身的发展积累宝贵的经验与前进的力量。

第三节 信息化教学

信息化教学是与传统教学相对而言的现代教学的一种表现形态，是信息化技术的一个子系统，它以信息技术的支持为显著特征，因而我们习惯于将之称为信息化教学。特别需要指出的是，以信息技术为支撑还只是信息化教学的一个表面特征，在更深层面上，它还涉及现代教学理念的指导和现代教学方法的应用，是教学信息化的成果。从技术学层面考察，伴随着社会的进步与发展，信息化教学是教育技术学发展至今的必然结果。

一、信息化教学的发展背景

比尔·盖茨在《未来之路》一书中写道：“未来社会属于那些具有收集信息、选择信息、处理信息和应用信息能力的人。”目前，一个新的概念——信息素养，正在引起世界各国或地区越来越广泛的重视，并逐渐加入从小学到大学的教育目标与评价体系当中。信息素养包括六个方面：① 信息获取能力；② 信息分析能力；③ 信息加工能力；④ 信息创新能力；⑤ 信息利用能力；⑥ 协作意识和信息的交流能力。

我们生活在信息社会里，信息更新的速度不断加快，很多信息来不及也不需要装进大脑，而是装进计算机，这就要求人们改变教育是“继承人类经验知识精华”这个观点，学习者必须具备知识更新能力，掌握获取知识的方法、技术和途径。不可否认，在对前人知识经验的继承、掌握及系统科学知识的传授等方面，我国基础教育具有自己的优势。但是也要看到我们基础教育的不足：多年来我们培养出的大多是知识应用型人才，而比较缺乏创新型人才。让学生的头脑成为创造的火炉而不是灌输答案的容器，这是许多教育工作者苦苦追寻的目标。

科学研究表明，人类在最近三十年所获得的知识约等于过去两千年之总和。而未来若干年内科技知识还将在许多领域展现更惊人的突破。英国哲学家培根的名言“知识就是力量”，过去和现在都是我们的座右铭。然而，在信息时代，这句名言的效力在某种意义上将被削弱。因为与知识相比，创新思维越来越重要。创新思维的来源首先在于想象力，而并非大量地储存旧有的知识。正如爱因斯坦所说：“想象力比知识更重要，因为知识是有限的，而想象力概括着世界上的一切，推动着进步，并且是知识进化的源泉。”信息技术带来如此之快的知识更新，人类面临最重要的任务不是获取已有的知识，而是以高度的想象力去创造和运用新知识。未来人类社会的“力量”将主要来自“知识创新”，这已经被率先跨入知识经济的发达国家或地区的实例所证实，而且还将被发展中国家或地区更多的实例所证实。

苏格拉底（公元前 469 年至公元前 399 年）是著名的古希腊哲学家，他和他的学生柏拉图及柏拉图的学生亚里士多德被并称为“希腊三贤”。苏格拉底被后人广泛认为是西方哲学的奠基者。他说过，“教育不是灌输，而是点燃火焰”，信息化教学便是实现这一目标的最佳选择。

二、信息化教学的发展历程

信息化教学是一个循序渐进的过程，它既没有严格的起点，也没有一个确定的终点，而是向教育最优化无限趋近的过程。从国外发展经验看，信息化教学经历了三个阶段，这三个阶段分别是计算机辅助教学、计算机辅助学习以及信息技术与课程整合。

1. 计算机辅助教学阶段

计算机辅助教学（computer-assisted instruction，CAI），指用计算机帮助或代替教师执行部分教学任务，为学生传授知识和提供技能训练，直接为学生服务。计算机辅助教学是一种新颖的教学方式，主要是利用计算机的多媒体功能，辅助教师解决教学中的某些重点、难点，这些 CAI 课件大多以演示为主。与其他教学媒体相比，CAI 课件具有以下优势：① 个别化教学，因材施教：通过人机会话，掌握学生学习情况；② 学生处于积极和主动的学习状态：若学生不思考，不动手，则计算机不反应；③ 能给予学生即时指导：学生不懂，可随时提问；④ 能给学生以即时反馈：收到学生提交的问题答案，即予评分；⑤ 百问不厌，诲人不倦：一遍不懂，可重复多遍；⑥ 学习不受时间和空间限制：学生可随时随地学习；⑦ 教学直观、形象、生动，又简便易行：彩色，立体，活动图形显示和语言文字解说；⑧ 模拟实验，节约器材，缩短时间，安全逼真；⑨ 促进课堂教学模式的转变：教师的角色发生了变化，学生的注意力不再集中在教师身上，教师成了学生的学习合作者和教练。以学生为中心的教学得到了技术上的支持。

虽然 CAI 课件具有上述优点，但是计算机辅助教学的优势并不是绝对的，在开展计算机辅助教学过程中，应注意以下几个问题：① CAI 不是照搬教师黑板上的内容到计算机屏幕上去；② CAI 只是传统教学的补充，绝对不是传统教学的替代品；③ 开展 CAI 是一个渐进的过程，在 CAI 开展初期不能对教师提出过高要求，否则很容易挫伤教师的积极性；④ 对于那些传统媒体如黑板和粉笔、挂图、实物或模型等可以解决的问题，不要牵强做成 CAI 课件；⑤ 能用普通录像或录音解决的问题，就不要做成计算机课件；⑥ 传统的教师中心论，并未因多媒体计算机走进课堂而得到彻底改变，因此，教学思想的更新不容忽视。

2. 计算机辅助学习阶段

计算机辅助学习（computer-assisted learning，CAL）阶段逐步从以教为主转向以学为主，也就是强调如何利用计算机作为辅助学生学习的工具，例如用计算机帮助收集资料、辅导自学、讨论答疑、帮助安排学习计划等，即不仅强调用计算机辅助教师的教，更强调用计算机辅助学生的学。这是信息化教学的第二个发展阶段。

3. 信息技术与课程整合阶段

信息技术与课程整合（integrating information technology into the curriculum，IITC）就是在各学科教学中，有效地利用信息技术，达到提高教育质量和学习效率的目的。若从系统论的观点出发，可以把信息技术与课程整合定义为：将教学系统中的各种教学资源和各个教学要素有机地集合起来，把教学理论、方法、技能与教学媒体很好地融会贯通，在整个教学过程中保持协调一致，并发挥系统的整体优势以产生聚集效应。信息技术与课程整合，立足于学科内容改革，目的在于建立学科之间的有机联系。整合是以一种自然的方式将信息技术作为工具和手段融合到学科课程中，就像在教学中使用黑板、粉笔一样自然流畅，从而在学习学科知识的同时，培养学生的“信息素养”和综合能力。

在教育信息化背景下，很多学校都在尝试信息化教学，并取得了一些成果。但是，从总体上看，对信息化的教与学的行为研究还处于初级阶段，还有许多具体和深入的问题需要研究与探索。比如，在接受式教学模式下，信息技术有何意义；技术是仅仅用于传递教学信息还是支持学生学习；如何利用网络创设学习环境以促进探究性学习、个性化学习、合作学习；教师如何把握网络环境下的教学模式和设计思想。这些问题都有待在理论层面和操作层面深入研究解决。

三、信息技术与课程整合

在教育信息化进程中，信息技术与课程整合是一个重要的里程碑。信息技术如何支持学科教学？如何实现教与学的模式变革？信息技术与课程整合是目前最有效的途径。

（一）信息技术与课程整合的含义

信息技术与课程整合就是在各学科教学中，有效地使用信息技术，达到提高教育质量和学习效率的目的。若从系统论的观点出发，信息技术与课程整合可有如下定义：将教学系统中的各种教学资源和各个教学要素有机地结合起来，将教学理论、方法、技能与教学媒体很好地融会贯通，在整个教学过程中保持协调一致，并发挥系统的整体优势以产生聚集效应。信息技术与课程整合，立足于学科内容改革，目的在于建立学科之间的有机联系。

信息技术与课程整合，不是仅仅把信息技术作为辅助教学的工具，而是强调要把信息技术作为促进学生自主学习的认知工具和情感激励工具，利用信息技术所提供的自主探索、多重交互、合作学习、资源共享等学习环境，把学生的主动性、积极性充分调动起来，使学生的创新思维与实践能力在整合过程中得到有效锻炼，这正是创新人才培养所需要的。

（二）信息技术与课程整合的意义

整合是指一个系统内各要素的整体协调、相互渗透，使系统各要素发挥最大效益的过程。信息技术与课程整合无疑将是信息时代中占主导地位的课程学习方式，也必将成为 21 世纪学校教育教学的主要方法。因此在当前我国积极推进教育现代化、信息化的大背景下，倡导和探索信息技术和课程整合的教学，对于深化学科教学改革、培养学生的“信息素养”、提高学生的创新精神和实践能力有着十分重要的现实意义。

1. 改变学习观念

计算机网络技术的日新月异及其与课程的整合进程正在深刻地影响和改变着各种学科的生态，预示了学科发展的未来。可以说，今后学生学习的主要途径不再只是依靠书本或教师的讲授，面对浩瀚的知识海洋和不断更新的网络信息，原先固定教师、固定班级、固定内容、固定进程、固定标准的单向的接受式学习方式将被打破。取而代之的是一种全新的学习过程，在这个学习过程中，学生以计算机网络以及其他多媒体设备为中介，在自主选择、合理接受、科学加工、适时反馈的信息传输中轻松自如地完成个性化的、发现式的学习。这种发现式的学习方式将改变以课堂为中心、以教师为中心和以课本为中心的接受式学习格局，更多地是以自主学习、合作学习和探究学习为主的发现式学习格局。显然，这种学习格局的变化与信息技术的发展有着直接的关系。

专家学者们一致认为信息技术是物化形态技术与智能形态技术的协同利用，具有智能化、数字化、网络化、个人化、多媒化的特征。随着信息技术的广泛应用，知识密集型、信息技术产品出现了更新换代周期加快的现象。同时，新兴科学大量涌现，知识总量急剧膨胀，知识更新的过程也空前加快，出现了“知识爆炸”现象。据联合国教科文组织的统计，人类近 30 年来所积累的科学知识占有史以来积累的科学知识总量的 90%，而在此前的几千年中积累的科学知识仅占 10%。英国技术预测专家马丁的测算结果也表明了同样的趋势：人类的知识在 19 世纪是每 50 年翻一番，20 世纪初是每 10 年翻一番，20 世纪 70 年代是每 5 年翻一番，而近 10 年大约每 3 年翻一番。据预测，到 2050 年左右，人类现在所掌握的知识，将仅为知识总量的 1%。这就是说，信息化后的人类社会，将创造出 99% 以上的新知识。可见，信息和知识犹如产品一样频繁的更新换代。这种知识的极度膨胀和快速更新，不可避免地使我们的课程陷于尴尬的境地。一方面大量的新的知识内容需要加入课程，另一方面我们的课程内容过多过难，学生负担会急剧加重。众所周知，课程展开的时间是有限的，因此我们不可能无限延长学习者的学习时间，但近代科学技术的飞速发展、知识信息的急剧增加，又使我们不得不面对现实的挑战。那么，如何才能找到应对的方法呢？最根本的出路在于变革，改变学习过程是一种单纯继承性的传统观点。课程应该在传授一些基础性知识的同时，注重创新和适应能力的培养。对受教育者来说，最重要的是学会学习，具备进行终身学习的能力，也就是具备自我更新知识结构的能力。对于知识的学习，强调的是让学生掌握认知的手段、方法，即学会自己去发现知识，自己去获取和更新知识，而不仅仅是局限于学习知识本身。由于信息时代知识急剧增长，若是像传统教育那样，只强调知识本身的学习和掌握，那么，学到的大部分知识会很快过时，无法适应现代社会发展的需要。只有让学生学会认知，即学会学习，他们在进入社会以后才能够自我更新知识结构，通过自学继续学到工作所需要的各种新知识、新技能。一般说来，传统性学习通常是维持性学习和接受性学习，而信息化学习却是创新性学习和建构性学习。维持性学习是一种继承性学习，而创新性学习要处理好“学会”和“会学”的关系；接受性学习是一种以教师为中心的学习，学生是知识的被灌输者，而建构性学习是以学生为中心的学习，强调学习者是知识的主动建构者。信息化时代的学习是要从传统的维持性学习向创新性学习转变，从接受性学习方式走向建构性学习方式。要达到这一目标，计算机网络技术必须与课程进行全面的整合，因为它预示着未来教育的发展方向。

2. 预示未来教育的发展

一旦人们的学习观念得到了改变，自然也会对未来的教育有新的展望。实际上，世界各国在展望未来时都主张把信息网络技术作为教育、教学改革的重要一环。例如，美国早在1996年就发表了《让美国学生为21世纪做好准备：迎接技术能力的挑战》的国家信息技术教育计划。这个计划描绘了这样一个未来：通过在中小学教学中有效利用信息网络技术，为帮助下一代在校学生得到更好的教育做好准备，以适应新的全球经济发展的需要。之后，美国教育部在咨询了社会各界人士及专家后，对国家信息技术教育计划进行了修改，提出了五个目标：① 所有教师和学生都要使用信息网络技术；② 所有教师都应运用技术帮助学生达到较高的学业标准；③ 所有的学生都要具备信息技术方面的知识与技能；④ 通过研究与评估，促进下一代技术在教学中的应用；⑤ 通过数字化的内容和网络的应用改革教学。欧盟（1997）发布了《信息社会中的学习：欧洲教育创新行动规划》，新加坡（1996）与马来西亚（2000）也相继推出了全国教育信息化计划。我国政府也相当重视教育信息化工作并推出了一系列推进教育信息化和改革的政策措施。2000年，我国教育部召开了全国中小学信息技术教育工作会议，并做出决定：从2001年起用5~10年的时间，在全国中小学基本普及信息技术教育，以信息化带动教育现代化，努力实现基础教育的跨越式发展。正是由于各国对此相当重视，对传统的教育体制及教学模式的改革正在世界范围内形成一种新的教育发展的趋势。

在我国，运用信息网络技术对传统教育体制和教学模式的改革始于我们的外语教学。如上所述，21世纪实际上是信息技术全面发展的世纪，尤其是计算机与网络技术的发展极大地拓展了教育的时空界限，空前地提高了人们学习的兴趣、效率和能动性。就信息化时代的外语教学而言，传统的教学形式将很难适应时代发展的需要，必须要有突破性的变革。这种教学的变革不仅仅是教学形式和学习方式的重大变化，更重要的是将对外语教学的理论、观念、模式、内容和方法产生深刻影响，赋予了外语教学更加深远的全新内涵。为此，我国政府颁布了一系列关于促进外语教育的方针政策，其中最具影响力的有以下几项。2001年1月教育部颁布了《关于积极推进小学开设英语课程的指导意见》，将英语义务教育的起点从初中一年级降低至小学三年级。同年8月教育部又颁发了《关于加强高等学校本科教学工作 提高教学质量的若干意见》，明确指出：本科教育要创造条件使用英语等外语进行公共课和专业课教学，并力争三年内，外语教学课程达到所开课程的5% ~ 10%。2002年12月，教育部高教司颁发了《关于启动大学英语教学改革部分项目的通知》，指出：为进一步推动大学英语教学改革，不断提高大学英语教学质量，决定启动大学英语教学改革部分项目，主要包括制订《大学英语教学基本要求》和大学英语网络与多媒体教学体系建设。根据这一文件要求，教育部先后十余次组织专家召开专门会议讨论制定并颁布了《大学英语课程教学要求》（以下简称《课程要求》）。后来教育部又对《课程要求》进行了修改并颁布了2007新版《课程要求》。尽管新版《课程要求》得到了修改和补充，但是它的主要内容未变。《课程要求》作为一个改革的纲领性文件，提出了一个全新的教学模式，即“基于计算机和课堂的英语教学模式”，从而开始了全国规模的大学英语教学改革。由于大学英语教学改革强调的是现代信息技术与外语课程的有机整合，因此从某种意义上说，它不只是某种教学模式的改革，更是预示着我国外语教学未来发展的方向，即全面地使用以计算机与网络为核心的现代信息技术，使其完全整合于我们的外语课程之中，并以此更加明确了计算机网络与外语课程整合的目标。

（三）信息技术与课程整合的基本模式

随着信息技术课程教学任务从单一的学科知识学习转向学生信息素养和综合能力的培养，要改变原来那种过分强调学科体系、脱离时代和社会发展状况的课程体系，探索以课程整合为基本理念、以信息技术为认知工具、以各学科知识的学习过程为载体、以培养学生信息技术素养和促进学生综合素质发展为目的的新型课程模式。

信息技术与课程整合有以下三种基本课程模式。

1. 信息技术作为学习的对象，教会学生信息技术的知识和技能

这种模式是专门开设信息技术课程来培养学生的信息素养，培养学生学习与应用信息技术的兴趣和意识，掌握计算机基础知识技能。信息技术课程不但是为了学习信息技术本身，还培养了学生利用信息技术的能力。按照课程整合的思想，将信息技术作为工具，整合到实际任务中学习，这些任务可以是其他学科知识，也可以是自然、社会问题。教师在任务设计时要灵活创新，对于相同的知识点，在完成所要求的学科目标的前提下，要根据不同的学校环境、教师特长和社会背景等，创设不同的任务进行教学。

2. 信息技术作为教学工具，完全为各科教学服务

这种模式是教师利用信息技术进行辅助教学。教师根据教学目标进行设计，将计算机作为备课工具，用它编辑所需资料、检索情报、处理文字及管理教学资源等，在教学中决定在什么时候、用什么媒体、什么方式来呈现什么教学内容。计算机作为教学工具，在教学中的使用方法是多种多样的。有的利用计算机来完善传统的教学形式，给传统教学形式赋以新的内涵和生命力，如基于计算机的课堂讲演、练习、讨论及实验等。有的则完全是利用计算机革新课程内容和教学方法，创设出许多新的教学和学习形式，如合作学习、发现学习、交互式模拟、问题解决学习、以项目为基础的学习等。

3. 信息技术作为学习工具，支持学生学习活动

这种模式是学生利用信息技术来完成一定的学习任务，信息技术主要提供文字处理、电子表格、数据管理、通信、虚拟现实等工具。学生利用信息技术来获取和存储信息、处理信息、表达思想、交流思想和解决问题，从而能进行发现、探索、合作以及问题解决等各种形式的活动。信息技术在支持学生学习时，可以扮演以下三种角色：第一种是导师角色，如程序教学和后来发展起来的智能导师系统；第二种是学伴角色，如现在出现的虚拟学伴系统，可以和学习者进行互帮互学；第三种是助手角色，如利用计算机和网络提供的丰富资源、认知工具和通信工具来进行辅助学习。

（四）实施信息技术与课程整合应遵循的主要原则

怎样实施信息技术与学科课程的整合，这是一个需要深入研究与探讨的重大课题，而且不同学科的整合方式不完全一样，不能按一个模式来进行整合。但是信息技术与不同学科课程相整合的过程中又必须遵循若干共同的原则，否则将会事与愿违，甚至

适得其反。所以认识并遵循信息技术与课程整合的原则是非常重要的，这是做好整合的前提条件。实施信息技术与课程整合应遵循以下五条原则。

（1）要以先进的教育思想、教学理论（特别是建构主义理论）为指导。

信息技术与课程相整合的过程不仅仅是现代信息技术手段的运用过程，它必将带来教育、教学领域的一场深刻变革。换句话说，整合的过程是革命的过程（而不仅是新的教学手段、教学方法的应用推广过程），既然是革命，就必须要有先进的理论做指导，没有理论指导的实践是盲目的实践，将会事倍功半甚至劳而无功。这里之所以要特别强调运用建构主义理论（当代一种较新的学习理论与教学理论）做指导，并非因为建构主义十全十美，而是因为它对于我国教育界的现状特别有针对性——它所强调的“以学生为中心”、让学生自主建构知识意义的教育思想和教学观念，对于多年来主导我国各级各类学校课堂的传统教学结构与教学模式是极大的冲击。除此以外，还因为建构主义理论本身是在20世纪90年代初期，伴随着多媒体和网络通信技术的日渐普及而逐渐发展起来的，可以说，没有信息技术就没有建构主义的“出头之日”，就没有今天的广泛影响，所以这种理论“天生”就对信息技术“情有独钟”，它可以为信息技术环境下的教学（也就是信息技术与各学科课程的整合）提供强有力的支持。

（2）要紧紧围绕“新型教学结构”的创建这一中心来进行整合。

要紧紧围绕“新型教学结构”的创建这一中心来整合，就要求教师在进行课程整合的教学设计工作中，密切注意教学系统四个要素（教师、学生、教材、教学媒体）的地位与作用：看看自己将要进行的“整合”，能否使各个要素的地位与作用和传统教学过程相比发生某些改变，改变的程度有多大，哪些要素将会改变，哪些还没有，其原因在哪里。只有紧紧围绕这些问题进行分析，并做出相应调整，使通过最终教学设计所建构的教学模式能较好地体现新型教学结构的要求，这样的整合才具有意义。

（3）要注意运用“学教并重”的教学设计理论来进行课程整合的教学设计（使计算机既可作为辅助教的工具，又可作为促进学生自主学习的认知工具与情感激励工具）。

目前流行的教学设计理论主要有“以教为主”的教学设计和“以学为主”的教学设计两大类。由于这两种教学设计理论均有其优势与不足，因此，最理想的办法是将二者结合起来，取长补短，形成优势互补的“学教并重”的教学设计理论。这种理论也正好能适应“既要发挥教师主导作用，又要充分体现学生学习主体作用的新型教学结构”的创建要求。在运用这种理论进行教学设计的过程中，要充分注意的是，对于以计算机为基础的信息技术（不管是多媒体还是计算机网络），不能把它们仅仅看作辅助教师“教”的演示工具，而应当更强调把它们作为促进学生自主学习的认知工具与情感激励工具，并要把这一观念牢牢地、自始至终地贯彻到课程整合的整个教学设计与各个环节之中。

（4）要高度重视各学科的教学资源建设，这是实现课程整合的必要前提。

没有丰富的高质量的教学资源，就谈不上让学生自主学习，更不可能让学生进行自主发现和自主探索，教师主宰课堂、学生被动接受知识的状态就难以改变。新型教学结构的创建既然落不到实处，创新人才的培养自然也就会落空。

但是重视教学资源的建设，并非要求所有教师都去开发多媒体素材或课件，而是要求广大教师努力收集、整理和充分利用互联网上的已有资源，只要是网站上有的，不管是国内的还是国外的（国外也有不少免费教学软件），都可以采用“拿来主义”。只有在确实找不到与学习主题相关的资源（或者找到的资源不够理想）的情况下，才有必要由教师自己去进行探究开发。

目前我国的网络教育发展很快，全国已经有上百所高校开设了网络学院，高校主要是通过网络实施学历教育与终身教育。社会上也有一些直接针对中小学的“网校”，如“101 远程教育网”“北京四中网校”等。“校校通”工程实施以来，越来越多的中小学校建设起了自己的校园网，有很多地方还在积极建设城域教育网。

从目前的内容来看，网校在结合学科做研究性学习、探索式学习、合作式学习等方面还存在较大的欠缺。网络教育不仅要注意“量的扩展”，更应该追求“质的提高”，即在培养创新精神与实践能力方面要充分发挥其他媒体所无法替代的重要作用。

现在从国内外的网站上都可以获取到不少资源，但不是全都免费，有些需要通过购买得到；有的则可通过上网浏览、查询、检索，经过筛选以后，将教学需要的资源直接下载到自己的服务器上。

（5）要注意结合各门学科的特点建构易于实现学科课程整合的新型教学模式。

教学模式一般属于教学方法、教学策略的范畴，但又不等同于教学方法或策略。这是因为后者往往只是指某种单一的方法或策略，而前者（教学模式）则要涉及若干种教学方法与策略。为了达到某种教学目的（例如建构一种新型教学结构）或取得某种教学效果，教师往往将多种教学方法、策略结合在一起，加以综合运用，如果这种运用方式相对稳定，就变成了一种模式。换句话说，教学模式是指两种以上教学方法与策略的稳定结合。

能体现新型教学结构要求的教学模式很多，而且因学科而异。每位教师都应结合各自的学科特点去建构既能实现信息技术与课程整合又能较好地体现新型教学结构要求的新型教学模式。所以模式的类型是多种多样的，不能将其简单化。但是若从最有利于培养创新人才的角度考虑，则有两种基于信息技术的教学模式（也就是能够实现信息技术与课程整合的教学模式）最值得我们去深入研究和探索。这两种教学模式就是“研究性”学习模式（也叫“探究性”学习模式）和“协作式”学习模式（也叫“合作式”学习模式）。

这里应当说明的是，本来教学模式和学习模式是有区别的——“学习”泛指所有掌握知识与技能的过程（不管是自主学习还是在教师指导与帮助下的学习），而“教学”则特指在教师的指导与帮助下掌握知识与技能的过程，即“教学”可看作“学习”的某种特殊情况。这样一来，只要在该学习过程中有教师的参与，那么把学习模式当作教学模式来看待就没有什么不妥了。

第四节　信息化时代高校课程教学改革

高校依托课程开展教育教学活动，培养优秀人才。只有通过高水平的课程教学，才能实现培养高水平大学生、增强其实践能力等目标。高等教育的各专业、各学科均需立足于专业培养目标，基于课程体系，持续地优化和完善课程教学方法，改进学生学习的手段和方式。不少高校为了提升课程教学质量和效果，纷纷购置了各种信息化资源、设备，对教师开展信息化课程培训。然而也有一些高校在改革课程教学过程中未能充分有效地运用信息化技术，教学改革效果不够理想。

一、信息化背景下高校课程教学存在的主要问题

（一）课程资源方面

如今很多高校只有少量的优质课程资源，对网络课程资源的利用也不充分，校际之间无法充分共享优质课程资源。首先，很多高校的新专业和课程越来越多，但是这些专业的课程教学质量却不够理想，通识选修课的教学质量高低不等。其次，校际之间缺乏较大的优质课程流动性，教师未能充分地交流，只有急缺课程才会外聘相关教师兼课或任教。不少教学名师的精品课程缺少向外校开放的途径，未能最大限度地发挥自身的教学效益。最后，虽然为数较多的各级精品课程都已经发布到互联网上，国家精品开放课程持续上线，网易公开课、超星尔雅学术视频等多种网络课程平台相继诞生，这些优质网络课程资源都是精心制作而成，理应为高校课程提供充足而有益的补充，但实际上没有多少高校能合理有效地将这些资源服务于自己的课程教学。

（二）教师教学方面

首先，很多高校缺乏善用信息化技术的师资力量，特别是缺乏高素质的教师队伍。不少新进青年教师亟须提升专业素养，这在很大程度上影响着部分院校相关专业与课程的可持续发展。其次，教育信息技术发展日益迅猛，不少高校教师积极地追求教学方式的改变和创新，尽可能将现代技术和传统教法密切结合起来。但是教师中仍然有一部分人习惯沿用传统的教学模式，即便运用了多媒体，播放的仍旧是书本上已有的知识，课程教学缺乏深度和创新，教学只是从对着教材“照本宣科”转变为对着多媒体课件“照屏宣科”，将传统的“人灌”变成了以多媒体为核心的“机灌”，课堂教学效率也很低。

（三）学生学习方面

当下学生的很多课余时间都被智能手机和计算机等设备占据，在网络游戏、影视

作品面前，学生表现出了高度的“积极性和热情”。然而，对于多数学生而言，他们可能很少或者没有运用多媒体设备来学习专业和课程技能训练。也就是说，尽管他们每天都会通过多样化的网络传播渠道来获取海量的信息和资讯，但他们缺乏较强的自我约束能力，缺乏明确的学习目标和较强的媒介素养，不会用或者根本没有运用信息技术来辅助学习，依旧高度依赖传统课堂上教师的讲授。

二、高校课程信息化改革的反思

《国家中长期教育改革和发展规划纲要（2010—2020 年）》指出，要深入开展教学改革；完善和健全学分制，采取弹性学制，重视学思结合，倡导参与式、讨论式、探究式、启发式教学，协助学生逐步学会学习的本领；激发好奇心，培养爱好兴趣，营造勇于创新、自由探索、独立思考的优良环境。这在很大程度上表明了国家急需改革高校教育教学的意愿。国家教育行政机构组织各级各类学校教师开展信息技术教育培训，部分能力、实力较强的高校陆续进行信息化教学，推动课程改革和建设，一些高校借助局域网、微信、微博、MOOC、SPOC 等，搭建信息化学习平台。

国内许多高校利用信息技术改进课程评价的方法和机制，促进课程教学管理的稳步实施，提高课程教学质量。信息技术可以让高校教师和教育管理部门采集分析课程教学和学生学习的信息数据，有力监控教学质量和教学管理。以数据分析为基础获得的结论，会在很大程度上影响高校课程教学和教学管理的质量。再就是以“数据”为基础的学生学习状况分析，可以精确、实时地观测学生个体与群体的信息流，掌握学生的学习优势和不足，稳步提高学习能力，也可以方便教师改进教学方法、优化教学内容。

然而，高校课程信息化改革没有找到明确的发展方向，虽然教师教育领域具备了相应的教学研究与教育技术等优势，这些高校在数字课程建设领域处于国内前列，但是尚未成功地构建起名副其实的 MOOC、SPOC 等课程，教学效果不理想，学生的媒体素养仍有待提高。高校课程信息化改革事实上仍然处于“观念先行、实践在后”的状态。

三、信息化背景下高校积极进行课程信息化教学的措施

21 世纪是信息化的时代，大数据为信息化教学变革创造了现实条件。在信息化背景下，我们要顺应时代的发展，进一步提高思想认识，不断改革创新，做到与时俱进，充分发挥信息技术的优势，利用信息化手段强化教学效果，提高教学质量，推进教学改革。

（一）创新教学思路，深化改革意识

教学理念的改革对教学改革起到了导向作用，应该贯穿整个教学过程的始终。教师的作用不应局限于提供固有信息，而应不断拓宽自身视野，改变传统的固化教育理

念，注重现代思维的培养。

首先，应当秉承立德树人的发展理念，从“以教师为中心”向“以学生为中心”转变，站在学生的角度思考问题，摒弃单纯知识传授的观念，体现开放、共享、灵活的主张和态度；其次，在教学过程中，把握教学改革的基本规律，树立创新型的教学观念，强化教师队伍建设，强调教师的引导和激励作用，加强教师同伴、师生之间的交流与协作，做到立足国内、面向世界，相互交流、共同合作，普及多元化的人才培养理念。

（二）注重学生全面发展，培养复合型人才

新时代，教学目标应该以学情为基础，力求客观全面。高校要转变单一的人才培养目标，把工作重心转移到学生身上，立足学生可持续发展能力的培养，突出学生主体地位，发挥学生的主体性作用，关注学生全面发展，让学生成为信息社会的复合型人才。

首先，要关注学生的个性成长、差异化发展，注重培养学生的优良品德，增强学生的情感素养，塑造学生健全的人格；其次，尊重学生的需求、兴趣，提升学生的信息素养，倡导学生自主学习，从接受式学习向探究式学习转变；再次，培养学生的创新精神和实践能力，从知识学习向技能实践学习转变，注重实践能力的养成，激发学生的创造力；最后，帮助学生拓宽自己的人生视野，不仅要学习知识，更要学会做人，培养学生的社会责任感。

（三）科学安排教学内容，适应社会环境需求

作为教学改革的重点，教学内容的改革应当适应当前信息社会环境的变化，做到与时俱进，面向现代化、面向信息化，向多元化、国际化方向发展，体现出前沿性、科学性、综合性。

首先，根据学生学习的需要，将信息技术与课程内容整合，打造数字化、信息化的教学环境，强化内容呈现形式，增强教学内容的表现力。其次，不断丰富课程资源，加强课程之间的联系，注重项目式学习、模块式学习的教学过程测量与评估，使课程设置更加灵活化。最后，将通识教育与专业教育有机结合，做到并向发展、共同进步，并根据新时期、新环境的需要，在开展传统课程教学的基础上，将最新的专业知识、科研成果更新到教材、教学内容中，增强课程内容的应用性与实践性，促进学生知识结构优化。

（四）探索课程教学方法，助力信息化改革

合理科学地运用信息化教学是高校教学改革的一大趋势。我们应当以现代信息技术为载体，不断提升教师的信息化教学能力，利用信息技术丰富课堂，将信息化思维融入教学过程，实现教学方式的多样化与现代化，改善学生的课堂体验，提高学生学习的兴趣。

一方面，以教育信息化为路径，将网络作为教学的辅助工具，搭建优质数字学习平台，打造特色品牌专业及精品课程信息资源库，共享网络学习资源。其中，精品资源共享课、在线开放课程等是高校信息化教学改革的特色之一，我们可通过线上线下

混合教学的方式，充分利用和普及网络资源，从传统教学走向信息化教学。另一方面，我们需要不断创新课程教学方法，丰富课堂教学形式，比如运用研讨式教学、案例式教学等手段，增强师生之间的交流、互动，促进学生进行研究性学习，提升学生信息化思维能力和实践能力。

总之，面对新时代信息社会人才培养的需要，我们要用发展的眼光来看待高校课程教学改革。做到充分认识和把握信息化教学的特点，科学合理地利用现代信息技术和信息资源，完善高校信息化教学环境建设，多角度推动教育理念更新，全方位推进教学方法改革，实现教学过程的优化和教育教学质量的提高。

第二章　信息化教学过程要素与方法

第一节　信息化教学过程概述

信息化教学过程和传统教学过程相比，其教学环境、目标、内容、方法以及师生关系等都发生了深刻变化。作为与传统教学相对而言的一种发展形态，信息化教学的重要特征表现在技术对学习过程的有效支持，以及各种现代教学理念在技术应用过程中的融合与发展。

一、信息化教学的基本理念

信息化教学是与传统教学相对而言的一种教学形态，其特征就是现代信息技术对学习过程的支持和现代教育理念在教学过程中的应用。教育理念的转变从深层次改变了传统的教学方式，而信息技术则从外部提供了强有力的支持手段，信息化教学的基本理念主要表现为四个方面。

（一）强调以学习者为中心

在传统教学过程中，教师是课堂的中心，是知识的占有者和传授者，学生围绕教师和教材展开活动。在信息化教学过程中，学生是学习的中心，传统的教师讲授式教学将不断让位于师生互教互学，形成一个真正的“学习共同体”。学生利用丰富的信息资源，按照自己的能力、风格、爱好选择适合自己的学习内容，采取灵活多样的学习方式，提高学习的能力，从而实现学习效果的最优化。教师作为学生学习过程的促进者，主要作用在于指导、监控和评价学生的学习进程。

（二）重视知识意义的自我建构

在传统教学过程中，学习者往往被看作知识灌输的对象，所谓教学就是教师将自己拥有的知识传授给学生，学生的独立性、主动性被忽视了；学生是被教会，而不是学会，更不是会学。在信息化教学过程中，学生在情境、协作与会话等学习环境中，在教师的指导下，主动地、富有个性地学习，对当前所学的知识进行意义建构并用其所学解决实际问题。

（三）关注信息技术与课程的整合

早期的信息技术仅仅作为学习的对象，后来发展到作为学习工具，目前更加注重信息技术与课程的整合。当前，学校中的课程和教学并没有因为使用技术而发生根本性的变革，信息技术的教育潜能也未能得到充分发挥，信息技术也还未能有效地融入课程与教学之中，技术与教学还存在“两张皮”的脱离现象。信息化学习过程强调课程与技术的整合，注重把信息技术整合于学习过程中。这种整合不是单纯地在学习中应用信息工具，而是在课程建设和教学过程中有机地整合各种教学理念、教学方法、信息资源和技术工具，把信息技术与课程 / 知识融为一体，推动教学过程和教学效果的最优化发展。

（四）注重对学习的过程性评价

在传统的学习过程中，特别是在课堂教学中，对学生的评价大多取决于作业、单元测试、期中考试或期末考试。这些评价方式注重总结性评价，属于静态的评价方式。在信息化学习过程中，人们更加强调过程性评价，即在学习过程中对学生进行监督、评价，并提供实时反馈，让学生在学习过程中不断调整自己的学习，提高学生的元认知策略，达到一种不断上升的学习效果。这是一种动态的、发展的教学评价观。

二、信息技术对教学过程的支持

信息技术为教学过程的变革提供了有力支持。例如，开发基于真实问题的研究性课程，开发数字化、多媒体化、分布式的学习资源；有效拓展学习空间，构建新一代网络课堂、虚拟社区、虚拟实验室等学习环境；提供师生之间、学习者之间的方便、快捷、高效的学习交流渠道，创建各种类型的学习共同体等。我国有学者认为，信息技术作为学习者与学习环境互动的中介工具，主要包括学习管理工具、信息资源媒体、信息处理工具和社群互动工具。

（一）学习管理工具

技术的一项重要功能是支持对学习活动的管理和监控。它可以支持对学习活动的规划设计，收集和保留关于学习者学习情况的信息，为学习者提供有效的测评、反馈和建议，并在必要时有针对性地进行干预和控制。在传统的学习环境中，学习监控的职能在很大程度上是由教师人工完成的，而且主要是外部监控。在新的学习环境中，基于计算机的各种工具可以为学习的监控提供有力的支持，包括学习管理系统、电子学档、计算机辅助测验、适应性学习系统等，新型的计算机化学习环境更多地强调通过提供关于学习状况的信息和学习建议来促进学习者对学习过程的自我计划、自我监视和自我调节。

（二）信息资源媒体

信息技术作为媒体可以承载和传输各种内容资源，提高了信息资源的丰富性、交互性、灵活性和开放性。内容资源的具体形式包括课件、教学资源库、教学素材库、电子教材、电子书刊、学生自建数据库、数字图书馆、数字博物馆、虚拟科技馆等。这些内容资源既包括结构化程度较高的课件，也包括各种开放的素材资源；既包括校本资源和本地性资源，也包括全球范围内的分布性资源；既包括专门为教育目的设计开发的资源，也包括各种各样的并非专门为教育目的而开发的但可以用于教育的信息资源。图书馆、博物馆、科技馆、美术馆及大众传媒等公共服务机构可以借助多媒体网络技术为教育提供丰富的、高质量的资源和更便捷的服务。

（三）信息处理工具

学习过程包含非常复杂的信息加工活动，需要借助一定的信息处理工具，如计算工具、写作工具、绘画工具等来完成。计算机等信息技术从诞生之初就是为了完成信息加工任务的，随着这种高级的信息加工工具的发展，它能够更有效地帮助学习者实现灵活开放的、随时随地的信息处理活动。因此，在信息时代，学习者可以充分利用计算机等信息技术更有效地加工信息，如各种用于处理文字、数据或多媒体信息的应用软件，多媒体与网页制作工具，模拟、建模与知识可视化工具，各种面向特定认知任务的认知工具（如概念图工具等），以及帮助学习者完成各种具体任务的智能教育代理等。

（四）社群互动工具

网络等信息技术越来越成为一种人类沟通交流的有力工具，而人际交往与互动则在教育过程中占有核心地位。计算机媒介沟通（computer-mediated communication，CMC）工具可以有效地支持人际互动，扩展参与沟通的成员范围，扩展理解与思想的广度，促进学生与同伴、教师、专家等人士跨越时空的沟通交流。CMC 既可以支持同步交互（如网上聊天室、视频会议等），让学生能够与身处远方的同学、教师和专家实时交流，也可以支持异步交互。另外，利用计算机支持的协同工作（CSCW）工具（如共享白板、MOO/MUD 等）还可以实现学生的网上远程协作学习以及教师之间的合作。

三、信息化教学过程的特征

信息化教学过程是在技术化环境中以学习者为中心展开的，这是其最基本的特征。在信息化教学过程中，学习者不再是等待知识灌输的对象和外部刺激的被动接受者，而是积极的信息加工的主体，意义的主动建构者；教学不再仅仅关注学生的智力发展，而是关注学生作为一个“完整的人”的发展，即更加注重学生智力和人格发展的协调。

教学过程中的技术是用来强化现行的课程教学还是实现新型的信息化教学，这在很大程度上取决于教师。信息技术的应用不会自然而然地创造教育奇迹，它可以被用于促进教育革新，也可以被用于强化传统教育；技术的发展并不必然带来教学的革新，只有应用现代教育理念变革传统教学的弊端，才能真正实现信息化教育这一崭新的教育形态。

信息化教学过程和传统教学过程相比，从学习目标、教学内容、教学方法、教师角色、学生角色等方面都发生了深刻的变化，变化是多维度、多层次、多方位的。表 2-1 比较清晰地反映了信息化教学过程区别于传统教学过程的一些本质特征。

表 2-1　信息化教学过程与传统教学过程的比较

比较内容	传统教学过程	信息化教学过程
学习目标	低层次的理解	深层次的理解
教学内容	严格忠实于固定的教材	追踪学生的问题和兴趣
教学资源	材料主要来源于课本和手册	多样的、情境性的信息
学习控制	主要依赖教师的监控	注重学习者的自我监控
社会情境	缺乏有效的沟通、合作和支持	充分的沟通、合作和支持
教学方法	教师向学生传递信息，学生是知识的接受者	教师与学生对话，帮助学生建构知识
教师角色	指示者、专家和权威	发问者、引导者、帮助者，促进者、协商者、谈判者
学生角色	学生主要是独立学习	注重合作学习
教师评价	通过测验、正确答案来评价学生，强调结果；评价主要采取定量分析的方法	既通过测验也通过学生的作品、试验报告和观点来评价学生，过程和结果一样重要，评价采用定量与定性分析相结合的方法
知识状态	知识是静态的	知识是动态的，注重学生的发现与体验

第二节　信息化教学的策略运用

教学策略主要包括组织策略、传递策略和管理策略等，一般具有目标指向性、技术操作性和动态过程性等特点。教与学的过程通常都会面临各种复杂多变的现实情境，如何在动态变化的教学情境中随时做出相应的有效活动策略，将直接影响教与学的效果。

教学策略通常是指为达到教学目的而采用的手段和方法，它是一种能够适用于各种具体情境的操作性技能和规则性框架。策略介于抽象的目标和具体的行动之间。与具体的方法不同，策略是根据教学目标需要对具体行动方法的考虑和规划，是在具体的教学情境之中表现出来的具有技巧性特征的行动方式。

学习策略描述的主要是学习者对学习过程进行的自我调节和控制，而教学策略则主要描述为了促进学生的学习，教师对教学活动所进行的设计、调节与控制。学习策略和教学策略并无本质的区别。各种学习的方法和技术，如果由学生自主调节和控制用来学习，它们便是学习的策略；如果以教师控制为主来组织和开展教学活动，用以促进学生对知识的学习，则被称为教学策略。同样，各种教学策略如果由教师组织和控制转化为学生自主组织和控制，那么这些教学策略也就转化成了学生的学习策略。

一、教学内容的组织策略

教学内容的组织策略可分为宏策略和微策略两个层次，它主要涉及对教学信息、教学内容和教学材料的设计与呈现等问题，是关于教学内容的序列结构和编排组织的策略。

（一）教学组织的宏策略——精细加工理论

教学的宏策略关注教学内容的选择、编排及知识间的组织结构等，它主要考虑如何将各类不同的知识（如事实、概念、原理、过程等）组织成一个有机的整体（如一节课或一门课程），以及如何在不同的知识点之间建立有机联系等。

瑞奇鲁斯（C.M.Relgeluth）提出的精细加工理论（the elaboration theory，ET）通常采用变焦镜头的隐喻进行类比。人们使用变焦镜头拍摄照片时，首先，注意画面的主体及其各部分间的关系，开始时往往并不注意细节；其次，可能聚焦到某一局部来仔细观察画面的细节部分；最后，将镜头拉回广角，观察该部分与其他部分以及与画面整体的关系。如此反复，拍摄者便可以逐渐认识镜头画面的整体结构、组成部分及局部与整体或局部与局部之间的相互关系。

基于“变焦镜头”的类比，精细加工理论主张教学应始于一种特殊的“概览”（overview），它以教材中最简单、最基本的“观念”（idea）为焦点，然后为概览中的某一部分或某一方面添加细节或增加复杂程度，再重新回顾（review）概览并呈现新观念与先前观念之间的关系，最后通过总结和综合对教学内容继续进行精细加工，直到实现全部的预期要求为止。精细加工理论提出了教学内容组织的七种策略成分，即从简单到复杂的序列（学科结构）、学习的先决条件序列（课时结构）、总结、综合、类比、认知策略激发器和学习者控制方式。

精细加工教学的一般模式通常是从呈现“摘要”课开始的。摘要课的组织程序通常包括：确定哪一种知识类型作为组织性内容，其余的则作为支持性内容；列出学科知识的全部组织性内容；选择其中最具代表性的、最简单的基本观念，在具体的应用水平（而不是抽象的记忆水平）上进行呈现。摘要课的教学过程一般包括启动动机、提供类比、说明先决条件、呈现组织性观念、呈现支持性观念、课内总结与综合等。摘要课完成之后就可以按照学科内容的层级结构逐步开展课程教学，每次课的教学结构都与摘要课的模式类同，如此继续，直到完成预定的教学任务。

（二）教学组织的微策略——成分显示理论

微观组织策略通常被看作是对微观教学内容的编排问题，它主要关注如何针对概念或原理等个别知识点来组织教学。梅里尔（M.David Merrill）提出的成分显示理论（component display theory，CDT）首先将学习结果按照“业绩—内容”二维矩阵进行分类：业绩维度是指学生学业行为的表现水平，它通常划分为记忆、应用和发现三个层次；内容维度是指教学材料所涉及的具体项目类型，包括事实、概念、过程和原理四类。根据业绩层次和内容类型可以确定出相应的教学目标，再据此制定出与教学目标相匹配的具体要素，如目标条件、目标行为和目标标准等。

梅里尔认为，教学的呈现形式（教学策略）可分为基本呈现形式（primary presentation forms, PPF）和辅助呈现形式（secondary presentation forms, SPF）两种类型。按照知识内容和呈现形式的不同，基本呈现形式主要包括探究事例、探究通则、解释事例、解释通则四类。辅助呈现形式是指在基本呈现形式之外提供的一些“精细加工”信息，如提供学习帮助、唤醒先决知识、替代表征（指以不同方式或在不同情境中重现信息）、记忆术、学习反馈等。通过适当的辅助呈现形式，使教学起到提高学业成绩和提高学生参与学习的效率等作用。

传递教学的呈现形式虽然只有讲解和探究两种方式，但呈现的内容要素却可以是一般性定义、过程、原理或具体事例等，因此，呈现形式与内容要素的匹配能够产生出多种教学的组织和传递策略。成分显示理论的关键内容是开列教学处方，不同的教学处方是在对不同类型的学习内容所要求的学习结果（行为目标）进行分析的基础上得出的，教学呈现形式的选择也由此而来。

二、教学过程的行为策略

教学行为是教师为完成教学目标和教学任务在教学情境中表现出来的教学活动行为，它通常包括引发动机、教学交流和学习指导等基本类型。教学行为是教学过程的有机组成部分，对它的选择和运用既要考虑教学目标、教学内容和学生特点，又要考虑各种教学行为自身的功能效果和表现形式。

（一）动机激发策略

学习动机作为推动学生学习的内部动因，一般涉及学习兴趣、需要、驱力和诱因等诸多方面。学习动机的激发是指通过外在刺激使学生潜在的学习需要转化为积极的学习行动。其关键在于利用一定的外部诱因，促使已经形成的学习动机由潜在状态转入活动状态，从而推动学生的学习行为。

激发学生的学习动机一般应掌握以下策略。

① 提出明确而又适度的学习要求。合适的目标要求应该是“跳一跳，摘桃子”，也就是说，学习目标应该制定在教学的“最近发展区”之内。

② 以激发内部动机为主、外部动机为辅。新颖的学习材料、有趣的问题情境及启发式教学等都有利于引发学习的内部动机；采用生动的学习材料或使用不同的信息呈现方式可以调动学生的学习兴趣，如利用录像、投影等媒体或采用游戏与模拟、计算机演示等方式都能激发起学习的内部动机。

③ 及时提供对学习结果的反馈。学生及时了解学习的结果，会对学习动机产生很强的激励作用。

④ 恰当运用竞赛、评价与奖励等措施。应注意使用的合理性，否则效果会适得其

反。如频繁竞赛会造成学习的紧张气氛并加重学习负担；错误评价会挫伤儿童的自尊心和学习自信心等。

（二）信息呈示策略

信息呈示是指在教学过程中教师向学生呈现信息内容的行为。按照教学手段不同，教学过程的信息呈示可分为语言呈示、文字呈示、教具呈示、动作呈示和视听呈示等基本类型。

语言呈示主要是指教师在教学中的讲述行为。文字呈示主要是指教师以板书呈示知识要点或结构等。动作呈示是指教师通过演示操作或特定的动作示范，为学生提供训练模仿的学习信息，从而使学生学会相应的动作技能或操作行为。教具呈示是指使用实物、标本或模型等直接为学生提供感性经验。使用各种教具呈示信息时，应注意结合教师的讲解、分析或操作演示，并向学生说明模型与实物之间的差异，以免给学生留下错误印象。对于外部结构不清或者内部结构无法表现的模型或实物教具，应该注意与其他手段配合使用，如借助挂图、投影等手段来说明事物的内部结构或关系等。

视听呈示是指通过各种音像媒体技术来表现知识内容的教学行为，如使用投影媒体、电声媒体、电视媒体、多媒体计算机技术等向学生呈示教学信息。常用的视听呈示方式主要有：讲述以前呈现，用于引发兴趣或分析任务；教学难点呈示，用于帮助学生释疑解惑；讲解之后呈示，用于知识总结或综合归纳，使用交互式媒体如计算机等进行人机对话学习或个别学习指导等。

美国著名心理学家梅耶（Richard E.Mayer）通过研究发现，同时接受言语和视觉形式解释的学生（多表征组）在问题解决迁移测验中做出的创造性解决方案，比仅接受言语解释的学生（单表征组）平均高出 75%，这被称为符号表征的多媒体效应；而当言语和视觉解释结合呈现时（结合组），学生对迁移问题的创造性解决方案比言语与视觉解释分开呈现时（分离组）高出 50%，这被称为结合效应。教师应用多媒体技术呈现教学信息时，首先要了解各种媒体的功能特点和使用方法，然后根据教学内容和目标需要来选择恰当的媒体类型和组合方式，从而对教学过程中媒体技术的应用进行良好的设计。

（三）教学会话和指导策略

教学会话是指师生之间通过语言方式共同进行的学习交流活动，如课堂提问、作业答疑、组织讨论、通信交流等，其中，提问和讨论是教学过程中最常用的会话方式。提问能诱发学生参与教学过程，调动学生的学习动机，为学习提供注意线索、课堂练习与交流反馈的机会，并有助于促进学生学习结果的迁移。教学讨论则是在学生之间以及学生和教师之间进行的一种教学会话行为，形式主要有学习小组讨论（针对具体知识内容）、活动小组讨论（与特定任务或具体活动有关）和专题内容讨论（针对某一主题或是有争议的问题）等，它有助于促进师生之间的相互作用，能够使所有的学生都参与学习活动，同时，还有助于学生形成对某一问题较为一致的理解、评价或判断，是一种有利于促进学生发现学习和知识建构的教学策略。

当以学生为主开展各类教学活动时，教师的作用主要体现在学习指导（或辅导）方面。如帮助学生确定活动主题和目标，指导学生设计活动内容和实施方案，帮助学生选择确立活动方式和方法，并进行人员分工和组织。教师可以通过参与活动过程以讨论、问答、参观或观察等方式引入活动课题。在活动过程中遇到困难时，教师应启发学生独立思考、探究问题、寻求问题解决的途径；教师应对学生的活动给予适时的评价，通过组织交流共同提高对学习和探究活动的认识。

三、信息收集与评价策略

一个具备信息素养的学习者，必须具备信息的收集能力、评价能力和交流能力，如能够确定何时需要信息，并具有检查、评价和有效使用信息的能力；要学会查找那些与自己兴趣和需要相关的信息，同时要学会排除干扰信息；能对各种信息进行分类并判别其可信性、可利用性和相关性；要学会使用适当的信息形成自己的结论并与别人进行交流与沟通。在信息化教学过程中，教师要重视学生的信息应用策略的培养。学生必须掌握信息的收集、加工、整理、评价、交流的策略，学会控制和管理信息的能力，成为具备信息素养的学习者。

（一）信息收集策略

信息化时代的教学信息源越来越丰富，有效的信息使用者应该能够合理利用可获得的各种资源，人们不仅可以通过书籍、网络、杂志、电视、广播、录像带、电子光盘等获取信息，还可以通过互联网获取更多的信息资源。由于互联网资源的极大丰富，学习者除了要具备传统的信息搜索技能，还需熟悉并熟练应用网络信息获取的方法、策略和技能。

1. 网络信息搜索过程

有效的网络信息搜索过程一般包括六个步骤，即确定搜索主题、制订搜索计划、选择搜索工具、实施搜索、评价信息质量和存储搜索结果。

① 确定搜索主题。为提高搜索效率，在正式搜索之前，应该分析自己所需信息的主题和关键字。主题是否清晰是选择搜索工具的依据，清晰的主题可以借助“关键词搜索引擎”获得相关信息；模糊的主题可以通过浏览主题树或主题目录得到所需资料。

② 制订搜索计划。运用搜索计划是保证搜索系统化的一个非常有效的策略，搜索计划主要包括三个方面：一是搜索什么，这是对搜索主题的细化，围绕主体列出详细的搜索目标；二是到哪儿去搜索，针对每一个具体的搜索目标，分别列出可能的信息源；三是如何搜索，预设搜索过程，分析哪种搜索工具可能最恰当，哪种搜索方法可能最合适，搜索过程可能包括哪些步骤。

③ 选择搜索工具。熟悉 Internet 上常用的搜索工具及其特点，对于合理选择搜索工具，提高搜索效率是很有必要的。为了获得最好的结果，需要为每一项任务选择最

恰当的搜索引擎或者把多种搜索引擎结合起来使用。

④ 实施搜索过程。搜索过程应选择合适的关键词，关键词一定要和主题密切相关，搜索过程中应使用尽量多的关键字，以缩小搜索范围，减少结果中的链接数。掌握逻辑运算符（与、或、非）的使用方法，使用这些操作符，可以大大减少搜索范围，减少命中数量，节省时间。学生应该学会浏览式搜索、超文本式搜索、纲目式搜索和逻辑式搜索。

⑤ 评价信息质量。搜索过程中要进行信息评价，以便确定信息是否和主题相关、信息来源是否可靠等问题。

⑥ 存储搜索结果。把搜索到的与主题相关，又相对可靠的文档下载到本地计算机上。把获得的有价值的信息进行归类、合并，使其成为一个结构完整、条理清晰的文档。

2. 网络信息搜索策略

互联网提供了巨量的信息和资源，要想快速对互联网信息进行检索，除了需要依靠搜索引擎的帮助，还需要掌握一些信息搜索的策略与技巧。

① 选择恰当的关键词。恰当选择关键词是网络信息搜索成功的保障。确定关键词首先要明确需要搜索的信息主题，然后提炼此类信息最具代表性的关键词。可以使用一个关键词进行搜索，也可以按照“与”（AND）、“或”（OR）、“非”（NOT）、“+”、“-”等逻辑关系同时使用多个关键词进行搜索，以提高信息检索的准确率。

② 句子检索法。检索网络信息所用的“关键词”既可以是单词或词组，也可以是一个完整的句子。如在搜索小说、文章等文本内容时，最简单的方法就是用文本标题作为“关键词”进行搜索，或是使用文中的某句话进行检索，这样可以提高信息检索的准确率。

③ 文件检索法。如果搜索目标是一个文件，可以充分利用文件的名称标志。例如，在搜索某种设备驱动程序时，如果选择设备的品牌或型号为关键词，则会返回许多与主题无关的设备信息；如果在关键词后面加上 ZIP 或 RAR 等常用文件扩展名，搜索效率则会明显提高。

④ 利用“同类链接”快速查找相关信息。如果希望从互联网上找到同类的系列网站，可以利用某个网站名字或地址作为关键词，因为链接到查询站点的往往是同类站点。利用这种方法可以快速找到一系列相关的网站。

此外，还有中西结合检索法。在使用搜索网站时，灵活地结合中文和英文可以很好地完成某些搜索任务。例如，使用英文或中文词汇作为关键词进行检索，指定搜索网站只返回中文或英文网页结果；也可使用中文和英文关键词混合检索，只要求返回中文或英文网页信息等。

（二）信息评价策略

丰富的网络信息一方面拓展了教育信息的来源，另一方面也给教师和学生选择和评判信息增加了技能要求。在信息的海洋中，面对大量良莠不齐的信息资源，如何甄别各类信息的质量和价值？如何确定哪些信息真正符合自己的需要？作为一个有效的信息使用者，必须学会分析和判断信息的可信性、有效性和可用性。

1997 年，RobertHaris 开发了网络信息评价的 CARS 量表：credibility（可信度）、accuracy（准确度）、reasonable（合理度）和 suppon（支持性），作为评价网上信息的四个最基本的指标。

1. 可信度

信息的真实性、可靠性非常重要。当一个网络信息是以匿名发布的，或没有一定的质量保证的依据，或对该信息的评价是否定的，或信息中有多种语法错误、拼写错误等，那么，该信息的可信度就值得怀疑。一般情况下，信息的可信度可以从以下三个方面进行考虑。

（1）作者（信息提供者）可信度。网页的作者是谁？是个人、机构还是组织？作者发布信息的动机是什么？是否提供了作者的 E-mail 地址等联系方式？作者是否花了大量时间提供其他相关网页的链接？

（2）质量保证的依据。学术期刊的文章由于经过严格评审，一般有可靠的质量保证。而对于一般的网络信息，有些要素可以反映它是否有一定的质量保证，如发布站点的组织是否具有一定影响力和权威性等。一般高等院校、科研机构、政府机构等站点发布的信息要比商业站点和娱乐站点信息更可靠。信息来源可通过信息所在站点的域名得知。

（3）元信息。元信息是指有关信息的信息，主要有总结性（summary）和评价性（evaluative）两类。总结性元信息通常是对信息内容的概括，如摘要、内容总结等。它提供了一个内容框架，人们无须对所接触的信息从头到尾进行阅读，便可对该信息有大概的了解，这样不仅节约时间而且可以增大信息量。评价性元信息主要是对信息内容的分析判断，如评论、被索引的次数、推荐意见、评述等都属于该类。总结性元信息与评价性元信息可以相互结合，以便对信息提供精练、准确的概括。

2. 准确度

对准确度的验核主要是确保所获取的网上信息的内容是正确的。影响准确度的要素如下。

① 时效性。信息都有生命周期，即具有时效性。在网上查找到信息后应注意它的发表日期，以确定该信息是否有使用价值。

② 全面性。准确度较高的网上信息应该具有一定的全面性，其观点和结论不是偏颇的、走极端的，而是建立在全面、准确的基础上。

③ 针对性。针对性是指搜索命中的目标与所研究主题之间的相关程度。

3. 合理度

网上信息若具有合理性，就应做到信息内容公正、客观、一致。

① 公正性。公正性即网页提供的信息是合理的、理智的，不加入个人的感情色彩和倾向性。

② 客观性。虽然没有什么东西能绝对客观，但是一个有价值的网上信息应尽量做到客观。有些信息因为受政治、财政或商业利益的驱动，失去了客观性，尤其是商业类广告信息等较为突出。

③ 一致性。一致性是指网页信息应该前后一致，不矛盾。

4. 支持性

① 出处。一般被索引内容的出处、作者等都可以间接反映网页提供信息的质量。

② 确证。在引用一种观点或论断时，应考虑是否有足够的证据表明这种观点或论断的正确合理。

③ 外部一致性。外部一致性是指网页提供的信息通常是由新旧信息共同组成的，用户可以通过对其中已知信息的质量来推断网页上的新知识的质量水平。总之，对网上信息的判断，要借助于丰富的预备学科知识，同时，要尽可能多地收集相关信息，多角度、多层次地了解不同作者的相关论点，着重考虑其可信度、准确度、合理度和支持性 4 个因素，对其进行综合评价，以确保信息质量。

四、信息展示与交流策略

对学习而言，仅仅拥有和获得信息是不够的，学生还必须学会利用信息形成自己的思想并进行交流，从而使学习过程由封闭走向开放。Norton 和 Wiburg 总结了一个 DEAPR 模型来描述信息加工与交流的过程，该模型主要包括设计（design）、编码（encode）、组合（assemble）、发布（publish）和修改（revise）四个阶段。

（一）设计

设计是指学生通过分类、分组、排序、联系等方法把散乱的信息变得条理化、清晰化。在此过程中，学生会逐渐形成自己的概念、模型和观点，如果有更多支持性的信息，学生自己形成的概念就会进一步加强；如果有很多反对信息，学生就会舍弃自己的概念，而保留下来的概念又会被进一步加工。教师应该教会学生使用一些策略进行设计，如列出大纲画流程图，认知地图、网络、图表或上述多种形式的组合等。设计是产生信息必不可少的第一步，教师应鼓励学生对自己的设计过程进行再设计和不断完善。

（二）编码

设计基本完成后，学生开始编码。编码实际上是把思想和经验转变为符号形式。编码的第一阶段是要确定一种最有效的符号形式，如图表、数字、文字、声音或几种形式的综合，学生要自己确定选择最能表现当前信息的符号类型。第二阶段是选择一种最适合表达个人思想的形式，如故事、研究报告、论文、纪录片、新闻报告、戏剧形式等，再为表现形式选择一种合适的媒体，如选用文本形式、幻灯片、网页、录像带、电子表格或几种媒体的结合。第三阶段，学生要确定使用什么样的程序进行编码，可以使用文本处理器，例如，使用 WPS、Word 编写文本，使用 Excel 设计制作电子表格，使用 PowerPoint 制作幻灯片，使用照相机拍摄照片，使用摄像机制作录像等。

（三）组合

当设计所需要的所有成分经过编码和储存之后，学生要把信息按照一定的逻辑顺序进行组合。在这一过程中，对缺失的信息进行补充，对多余的信息进行删减。在组合加工阶段，学生可能会发现有些信息是互相矛盾的，这就需要重新进行分类和编码，找到更多的有用信息。

（四）发布和修改

信息的发布和修改富有动态性。当个人或小组形成自己的信息产品后，个人和小组就成为最早的听众。在交流的时候，信息的制作者能够看到自己的产品。同时，可以对自己所表达的信息的一致性、流畅性、适当性进行反思与修改，进一步和同伴、专家、教师共享自己的信息，以获得及时的反馈。在这一过程中，学生要验证自己的观点是否正确，交流是否有效，同时要考虑别人提出的各种意见，并对某一阶段的交流进行总结，以得到有益的启示。

五、信息问题解决策略

美国学者艾森博格（Mike Eisenberg）和伯克维茨（Bob Berkowitz）提出了一个旨在培养学生信息素养和问题解决能力的 Big6 信息问题解决方案。该方案在国际上得到了广泛的使用，有人称其为信息问题解决策略 / 模式，也有人称其为信息化学习的元认知支架。其问题解决的流程一般包括六个步骤，即任务定义→信息搜索策略→查找和获取信息→利用信息→综合信息→学习评价。

（一）任务定义（task definition）

1. 分析并定义信息问题

首先需要认真分析你所面临的问题，确认你是否正确理解了自己的学习问题或任务。如有不明白之处需要请教教师或与同学沟通。如果认为自己已经明白了，可以用自己的话表述出来，以便让教师确认你对任务的理解是否正确。

2. 确定完成任务所需的信息

理解任务后需要分析为了完成这项任务所需要的信息有哪些。如有不清楚的地方，可以针对任务列出一份有关问题的清单。通过对问题的逐步细分，可以帮助自己发现所需要的信息。

（二）信息搜索策略（information seeking strategies）

1. 确定可能的资源范围

百科全书、图书馆里的文献资料、各类调查报告和网络资源，甚至与研究主题相关的专家都是可用的信息来源。明确任务和问题之后，可以根据第一步所定义的问题清单，通过集体讨论来确定所有可能用到的信息来源。

2. 找出资源的优先顺序

对可能的信息资源进行分析评价，以便选择最好的资源利用。仔细评估所列出的可用信息来源明细表，从中选出可能有用或容易获得的信息，列出优先顺序，其中有些资源自己不是很了解，可以询问教师、同伴或请教图书管理员等。

（三）查找和获取信息（location and access）

1. 查找相关资源

确定可以从哪里获得相关资源，针对每个资源，记下它的位置。如果是网站，列出它们的 web 地址。为了节省时间，可以使用教师或图书管理员提供的信息来源（web 地址）。

2. 从中寻找有用信息

在已经获取的许多资源中，如何发现解决问题所需要的信息？通常可以采用“关键词”的检索方法来查找与问题主题密切相关的资源，然后再具体收集自己需要的相关信息。例如从索引或目录中找到相关主题内容，或利用网络搜寻引擎查找主题关键词信息等。

（四）利用信息（use of information）

1. 了解资源内容

运用信息前首先需要了解自己已经掌握的资源内容，遇到无法理解的问题可以向他人求助；没有必要阅读和分析所有文献或网站的所有内容，只需要判断它是否与问题主题相关，并能否为自己提供解决问题的有效信息就可以了。

2. 摘记相关信息

仔细阅读信息资源，把可以帮助解决问题的相关信息或数据摘记下来。如果直接摘录原始数据或信息内容，必须注记数据的来源和出处。如果数据的来源是光盘、影片或是录音带，则必须仔细地看或听，然后摘记相关信息并注明数据来源。如果在做摘要的过程中发现了新问题，则需要把它增加到问题列表中。

（五）综合信息（synthesis）

1. 从多种资源中组织信息

通常可以通过写一份提纲或草稿将各种信息组织在一起。这一步工作决定着如何把笔记中摘录的信息内容与自己的观点和见解有机地整合在一起，以便完成作品。

2. 呈现和表达信息

依照问题定义阶段所要求的格式完成作品。作品可以使用下列方式表达：使用 PowerPoint 文稿介绍，写出书面研究报告，或制作一套多媒体演示光盘，或使用其他合适的技术方式来表达自己的研究结果。

（六）学习评价（evaluation）

1. 评价作品

完成作品之后，与教师的任务要求相比较，看是否实现了给定的任务目标，作品是否符合要求（包括呈现方式、整洁度、封面、姓名、日期等），收集的信息是否翔实，所引用的信息来源是否都已经加以说明，格式是否正确，等等。

2. 反思问题解决过程

任务完成之后，需要对自己的问题解决过程进行反思并及时总结，这对今后处理类似问题会有帮助。问题反思包括：在这次学习过程中自己学会了哪些技能；在以后的问题解决中如何再次使用这些技能；本次学习中做得较好的工作有哪些；下次遇到类同的学习问题时，有哪些方面需要改进；在所收集的资源中，哪个最有使用价值；确认信息资源价值的方法是怎样的；还有哪些需要的资源没有找到；这些资源以后如何获取；等等。

Big6 问题解决策略过程充分体现了对学生信息素养的培养，而且重点放在对信息的收集、评价和理解上。使用 Big6 问题解决模式时，并不要求一定按照规定的步骤顺序进行，这主要视问题的性质或学习者对问题的认识而定，如做到第三步“收集信息”时，发现资料不足或所需的技能、时间不够等，就可能要回到第一步或第二步重新思考问题。

教师在培养学生的信息能力时，不应孤立地教给学生信息技能，而要和学校课程紧密结合在一起，要把信息技能的教学整合到学科教学和课堂学习中。基本的信息技能不仅包括下载和获取信息，更重要的是一般性的问题解决和研究过程。掌握孤立的技能属于低级认知技能，只有将它们有效整合到信息问题解决的过程中去，才可能获得真正的信息素养，从而能够灵活地、创造性地、有目的地使用计算机和网络，并将信息技能运用到具体课程的学习中。

第三节　信息化教学的交往分析

教学是一种特殊的交往活动，是一个通过人际互动和社会性交往来促进学生发展的过程。在教学交往的过程中，学生是知识学习的主动参与者和意义建构者，教师则是学习过程的组织者、引导者和帮促者，他们通过彼此之间的互动交往形成“学习共同体”。

一、信息化教学交往的类型

随着信息技术的应用发展，基于计算机的媒介交往（computer-mediated communication，CMC）在教育交往中的地位越来越重要。开放性、交互性和建构性是教学交往的根本特性，信息技术为实现这种多向、平等的互动交往提供了有力支持。与传统的课堂教学交往相比，信息化环境下教学交往的类型具有明显的技术性特点。

（一）现实主体之间的交往

现实主体之间的交往主要是指现实世界中的教师个体和学生个体、学生群体、学生群体间及群体内部成员间的交往。学生与教师的交互发生在学生和教师之间，可以采用提问、辅导、答疑、批改作业等方式进行。在学生与教师交互的过程中通过对学习内容、方法和态度等的交流，解决学生在学习过程中的问题，同时激发学生主动参与学习的积极性。学生与学生的交互可以是个人形式的交互，也可以是小组形式的交互；可以有教师参与，也可以没有教师参与。在信息化学习过程中，由于研究性学习、协作学习的开展，学生间的集体交互更为普遍，教师要引导、组织和促进学习者之间的沟通互动，通过小组讨论、意见交流、游戏、辩论等形式，合作解决问题。通过这种合作和沟通，学习者可以看到问题的不同侧面和不同的解决途径，从而对问题和知识形成新的认识。

（二）现实主体和虚拟主体的交往

传统课堂情境中的交往类型主要是现实主体间的交往。在信息化环境下，由于计算机网络这一媒体的介入，现实主体和虚拟主体的交往方式在学习过程中日益得到广泛的支持与应用。例如，适应性教学系统能够根据学生的反应，动态地呈现符合学习者特征和学习状况的教学内容；又如，模拟现实系统使用现实或虚拟世界中一些选择好的要素，将这些要素按照规则一起运作，能够把学习者带入一个虚拟的、可视的，甚至可参与的世界。很多研究者都试图利用互联网来促进学习者广泛的交往合作，教师在教学中可以组织学生与来自世界各地不同领域的专家进行交流。如学习者可以就遗传问题访问专业的数据库、获取丰富的数据，并直接和遗传学专家进行讨论交流。国际互联网的发展为这一构想的实现提供了有力的技术支持，学生可以借助网络聊天室（chatroom）、E-mail、电子白板、QQ、BBS 站点、MSN、Grove、Skype 等技术的支持实现广泛的交往，也可以借助视频会议的方式，实现“面对面”的交流。

（三）虚拟主体之间的交往

借助人工智能技术和软件技术的发展，形成一个虚拟交流学习环境，虚拟学习者（virtual learner）和虚拟学习者之间、虚拟学习者和虚拟教师（virtual tutor）之间进行交往，从时、空两个维度来看，可以有同时同地、同时异地（同步交互）、异时同地和异时异地（异步交互）的方式。同步交互属于实时交互方式，它为学习者提供了一种异地同时交流的形式，如常用的聊天室、ICQ、网络会议系统、网上电话、MUD/MOO 等都属于同步交互的范畴。学习者可以利用多用户空间（multi-user dungeon，MUD），面向对象的 MUD（multi-user dungeon object-oriented，MOO）、多用户模拟环境（multi-user simulation environments，MUSE）来创建虚拟的社会环境，用户在其中可以为自己设定各种灵活的、匿名的身份，从而使在实际地理位置上处于分离状态的用户能够在一个共同机制中进行交互和协作。这种虚拟情境与学习者将来真正应用所学技能的环境具有高度的相似性，通过这种方法可以促进学生对抽象知识的运用能力。异步交互则属于非实时的交互方式，它充分利用网络通信时间和空间的虚拟特性，打破交流的时空限制。人们常用的 BBS、新闻组、电子白板和 E-mail 等都可以支持异步学习交互。

二、信息化教学的交往设计

教学交往不是既定的，而是生成的。利用信息技术提供的资源与工具，改善不合理的教学交往，生成积极的、主动的、有效的教学交往，这是信息化教学交往设计的目的所在。

（一）选择交往主题，明确交往目标

教师在组织教学交往前一定要精心设计交往主题，主题应该是符合课程标准、引发学生兴趣、能适应不同层次学生不同需求的。尤其是随着计算机媒介交往的增多，自主学习、协作学习、研究性学习的开展，教师对交往的直接调控减弱了，交往的维持主要依靠交往主体思想的磨合和对主题的认同。因此，教师要从学生的实际出发，选择一个有价值、有意义的比较开放的主题。

对于选定的主题，教师要从不同方面进行细化使其更具体和深入。教师围绕这一主题探讨可能引发的具体问题，事先设计一些能引导学生就该主题进行深入探讨的高水平的问题，以便在交往中激发学生的主动性和积极性。对于每一个细化的主题，明确提出交往后要达到的目标和最终的业绩水平。

（二）提供相关的信息内容和资源

为了保证交往的高效性，教师应该事先给学生呈现相关的内容，使学生对主题有了解并激发先前的学习信息。在交往过程中随着学生对问题探究的不断深入，需要的资源可能更多，教师应事先提供一些相关的资源途径和获得资源的方法，如学校的图书馆、实验室、网络教室，校外的博物馆、科技馆、社区等。对于 Internet 上的资源，教师应提供资源链接。

（三）创设交往环境

为支持教学过程中的交往活动，教师要为学生提供有力的交互工具，包括界面友好的通信工具、协作工具、个人主页空间和追踪评价工具。同时，教师要创建一种能够激发参与者交互的学习环境，设备和材料的提供、工具种类和时间限制等都会影响学生交往的积极性。环境信息可以促进学生活动，唤起他们对特定学习材料的关注，鼓励他们参与不同层次的学习。设计良好的交往环境应该是资源丰富、技术工具种类充足、时间富有弹性的。在这种环境中，学生可以利用各种学习资源和建构工具进行学习活动，可以通过电话、BBS、E-mail、QQ、MSN 等方式方便地与教师、同学和专家进行交流与合作。

（四）设计交往策略

技术系统的交互特性不一定产生教学交互，教学交互的产生不仅依赖技术支持的

可能性，更依赖教学设计的策略和方法。由于学生的个体差异，其交往的方式和策略是因人而异的，教师要为学生设计多种可供选择的交往策略，并引导学生选择适合自己的交往策略。学习者既需要同步的集中交流，也需要随时随地的异步沟通；既需要身边人的合作与帮助，也需要更大范围内的网友、专家和导师的帮助。对于要进行教学交往的学生，教师在设计时应该考虑到学生个体的差异、小组的差异、交往技能的差异等，对不同的交往，主体教师要提供或设计多种交往工具和交往环境，以保证交往顺利、高效地运行。

（五）创建学习共同体

教师要为教学交往创建一个学习共同体，使学生意识到自己是在一个团体中进行学习，感受到团体对自己的价值和意义。在学习共同体中，成员之间要互相信任和分享彼此的经验；教师要和学生一起制定开展活动的程序和规则，共同体成员要遵守相应的活动程序和规则；教师还要设计具体的协作任务，让学生了解其大致的活动过程，明白自己在各个环节中的主要任务，引导学习者参与、合作和交流。学习者要增强“共同体”意识，成员之间要相互尊重，包括学生之间的互相尊重、师生间的互相尊重和对提供帮助的专家们的尊重，应该轮流听取各个成员的意见，对问题进行多角度的思考和讨论，从而将思维引向深入。

三、信息化教学的交往管理

在信息化教学交往过程中，教师的角色将从舞台的主角转变为幕后的导演。教师对教学交往的管理作用主要在于引导和促进学生正确与有效的交往，在交往中促进智力的发展和人格的培养。

（一）激发交往动机

现代心理学研究表明，人的一切行为都是由动机引起的，动机是激励人去行动以达到一定目的的内在原因。教师要改变传统交往中单向、被动、静态的交往现象，通过开放式的问题、情境、活动的设计，引发学生的交流意识。教师要耐心地聆听学生的发言，引导学生形成自己的看法，组织持不同见解的学生进行讨论。鼓励学生自由、大胆地参与探索和交流。同时，教师应根据学科特点，在教学交往中充分运用观察、实验、访谈、实地调查、网络浏览、搜索数据库等多种手段，通过组织学生讨论、演讲、比较、评价、修改等活动，引导学生不断迈向更高水平的深层次的交往。

（二）组织、监控交往过程

在信息化交往中，教师作为组织者和管理者的角色将更加突出。教师要合理组织交往过程，要为学生提供有关学习任务、学习进程、信息资源、评价量规和学习指导等方面的建议。教师要帮助学生建立交往的规范，这是学习共同体进行交往的基础。在交往过程中，教师要对整个交往过程进行监控调节，在与学习者的对话中提出问题和所要完成的作业，提供有关的个案研究及实际例子。同时，对于脱离主题的交往要善于发现、引导，并及时提供帮助与支持。教师要引导学生通过持续的概括、分析、推论、假设检验等思维活动，建构起新的知识，帮助学习者形成思考、分析问题的思路，教师要组织学习小组，引导和组织学生进行讨论与合作活动，使交往得以深入，通过组织好的群体互动来促进个体的发展。

（三）建立有效的反馈机制

在信息化教学交往中，教师要善于通过多种渠道、多种方式及时获得学生学习中的各种反馈信息，并对获得的反馈信息及时评价，以对教学交往进行恰当的调节。如教师可以利用基于计算机的各种工具支持对学习交往活动的规划设计，收集和保留关于学习者学习情况的信息，为促进学习者的学习提供有效的测评、反馈和建议，并在必要时进行有针对性的调节和控制；教师可以把学生的作业、作品等学习成果放在网上，教师和学生可以通过论坛、E-mail 等方式对作品提出帮助性的反馈意见；教师可以通过帮助学生建立成长记录袋、电子学档等形式培养学生对学习过程的自我评价、自我反思和自我调控能力。

（四）成果展示、交流和评价

在交往结束后，学生应该将交往成果展示给大家，这种展示也是思维过程的展示，学生不仅可以从他人的成果中获得知识和信息，还能看到思维方式和解决问题的差异，有利于培养发散性思维。交往成果的形式依据活动的主题而定，可以是口头报告、故事，也可以是图表、论文、纪录片、研究报告等书面作品。活动可以采用班级交流会、戏剧表演、网上答辩等多种方式。

在学习交往过程中，教师要组织学生对交往成果进行评价。评价包括个人与小组的自我评价，也包括组间、班级内的互相评价。评价要具有开放性与多目标性，不仅要评价学习成果，也要评价学习过程，提供更多积极的、有利于进一步交往的建设性评价。教师需要根据学习者交流、提交的内容评价各个学习小组的进展情况，评价每个小组成员的贡献，将过程性评价与最终的学业成绩联系起来。同时，教师也要鼓励学习小组及个人不断地进行自我评价和相互评价。

总之，在信息化教学交往过程中，教师要善于利用信息技术的支持，充分考虑学生的内在条件并结合交往的主题和内容选择多种交往形式，创设丰富的交往环境，培养学生学会倾听、交流、协作、分享的合作意识和交往技能。在交往过程中要让学生积极参与整个过程，发挥学生的主动性和积极性，使信息化教学交往过程成为真正有效的教学交往。

第四节　教学过程中的信息化管理

信息化教学管理就是利用计算机的数据管理和信息处理功能来支持教学过程的管

理职能，帮助教师监测、调控、评价和指导学生的学习过程，并为他们提供有效的教学决策的帮助信息，以便提高教学活动的效果与效率。

一、信息化课堂管理策略

课堂教学管理是围绕师生教与学的需求，为了实现特定的教学目标而对影响课堂教学过程的各种要素进行的组织与协调，其目的是为教学创设良好的环境和条件，以促进学生有效地学习。传统课堂管理主要是以教师为中心的权威型控制管理模式。它通常是通过建立、实施和强化课堂规则及有关奖惩规定来实现的，重视教师对学生行为的控制过程，强调教师对各种控制策略的运用。这种管理模式把时间和精力集中在控制学生上，而不是为教与学创设条件，因此，这种管理方式在一定程度上压抑了学生的学习积极性与主动性，甚至有可能因管理和控制导致更多的教学问题和困境。

信息化课堂管理和传统课堂管理相比，在管理目标、管理手段、组织形式、课堂学习环境、管理场域及课堂存在的主要干扰因素等方面都发生了变化，如表 2-2 所示。

表 2-2　信息化教学管理与传统教学管理的特点对比

课堂特点	传统教学管理	信息化教学管理
课堂管理目标	对影响课堂秩序的要素进行控制	创建生动、富有活力的课堂氛围
课堂管理手段	刚性的课堂规则和纪律，侧重于“命令＋监督”的管理方式	“协商与合作”原则，更多依赖学生的自律和师生间的“问题解决”
课堂学习环境	倾向行为控制和程式化问题解决，注重课堂秩序和规定性服从	创设交互式学习环境，支持宽松的开放型课堂氛围
课堂管理场域	局限于现实的教室空间	现实课堂与虚拟学习空间并存
课堂组织形式	班级授课制为主体	讲授学习、合作学习与自主学习协同
课堂干扰因素	与学习无关的各种问题行为	学习态度、协同方式和技术应用

信息化教学已经不再局限于单纯的知识授受，而是注重人的全面发展。信息化课堂管理应努力营造一种民主化的管理方式，它强调学生最大限度地参与学习，并注重教会学生自我管理；教师的管理角色应从权威者和控制者转变为组织者和协调者。适应信息化教学发展的特点，基于课堂的教学管理模式必须从传统的教师权威模式向对话、开放、参与、自主的民主型管理模式进行转化。

（一）创设积极的课堂环境和氛围

课堂环境包含多种因素，这些因素的相互联系和相互作用构成一个有机整体。信息化课堂教学管理应着眼于创建一种融洽有序的课堂学习环境，教师需要通过一系列管理策略来引导和建立积极有效的学习氛围，通过合理调动和组合各种学习资源，为教学活动的开展建立有效的支撑系统。在开展教学活动之前，教师要向学生详细说明他们在教学活动中的特定要求；在教学活动过程中，教师要鼓励、促进学生的积极行为，要创设平等、相互接纳的学习气氛，与学生进行沟通、对话、交流，给予学生及时而积极的反馈。另外，教师要善于树立积极的课堂期望，发展有效的沟通对话，通过创设一种积极、有效的课堂氛围，提高课堂管理的效率。

（二）提倡学生参与课堂管理

教师和学生共同管理课堂，可以适当发展学生的自主能力和独立能力。很多学生都具有强烈的学习责任感，他们拥有参与、选择积极的课堂活动，与教师共享课堂管理的权利。里德利和沃尔瑟认为，当教师学会与学生分享课堂控制、尊重学生，并且把学生看作自我指导的学习者的时候，教师就能成功地培养出更加负责任、自制和独立的学生。在学习任务、内容、方法、评价等方面，教师应给予学生选择、参与和决策的机会；学生自己选择、参与的机会越多，学习的责任感和积极性也就越高。教师可以根据活动目标与学生一起参与讨论并给予指导，而不是简单地施加命令；教师可以通过 E-mail、BBS 等多种渠道听取学生的建议，并根据学生的反馈意见来改善教学与管理。课堂规范应当由教师和学生一起制定，学习过程应体现学生的主体地位，学生进行相互评价和自我评价，学习活动尽量在具有自我管理功能的学习群组或学习共同体内进行。

（三）加强学生的自我管理能力

培养学生的自我管理能力是课堂管理的一个重要目标。在信息化教学过程中，由于计算机技术的支持，学生的自主学习、基于网络的协作学习、探究学习在教学中日益增多，培养学生的自我管理能力显得尤为重要。自我管理能力的获得，有利于学生从他律变成自律，更为重要的是，这种技能一旦获得，学生可以终身受用。

教师可以采取一些适当的措施来帮助学生形成自我管理能力，如鉴别和限定相关的行为，明确自我管理的对象和目标；指导学生建立自我管理程序，如学习进度表、检查表、在计算机上建立用于收集个人学习资料和学习作品的电子档案袋等；帮助学生分析自己的学习策略和学习状况，引导他们成为学习过程的自我监控者和管理者，并学会对自我管理的效果进行评价与反思。借助成长记录袋、电子学档、Blog 等信息工具进行学习评价和反思，培养学生的自我计划、自我监视和自我调节能力等。

二、计算机管理教学系统

（一）CMI 系统的功能

计算机管理教学（computer managed instruction，CMI）是指应用计算机从事教学活动的管理。CMI 系统主要包括制定教学目标、规划教育资源与进度、安排教材、提供练习与测验统计分数、统计个人与班级进度报告、个别咨询等教学与管理功能。

① 目标管理。允许教师描述教学目标。目标大小因系统管理水平高低而异，大到培养方案，小到教学单元。目前多数的系统主要管理课程级的目标。

② 活动管理。通过建立课时表安排教学活动，按教学活动的性质调配教学资源；

提供电子通信工具（如 E-mail）供师生交流、通信使用。

③ 资源管理。可以帮助教师收集、编制与管理各种学习材料，可以是计算机内存储的课件，也可以是关于其他媒体素材的索引。可以进行一学期一次的课表编排，即静态的资源分配，还可以根据处方为学生动态分配资源。资源管理的目的是有效利用时间、空间和教学媒体。

④ 测试。提供了试题存入、检索、修改与删除等功能，允许教师描述测试的目标、覆盖范围、难度等属性，根据要求自动从题库中抽取题目组成试卷，出书面试卷供脱机测试，或保存为电子试卷供联机测试。

⑤ 诊断与咨询。利用系统中记录的有关学生学习情况的数据，为学生提供诊断和咨询服务。例如，根据这些数据确定学生的学习进程是否朝着预定的目标前进，并制定相应的处方，为学生分配适当的学习任务；根据这些数据推测其学习能力和知识结构，进而提出有关其专业方向和进修计划的建议；根据所记录的关于教学过程的信息，为各类教学参与人员编制报告等。

（二）CMI 系统的结构

CMI 系统的结构与教学管理模式密不可分。有学者从“个别化—集体化”“教师—学生”两个维度对 CMI 管理模式进行分类，把教育计划管理系统置于中心地位，作为宏观的 CMI 系统来协调分处不同区域的学习监控系统、课堂信息系统、学习顾问系统和教育群件系统。教育计划管理系统与各类不同 CMI 系统相交的部分（T1、T2、T3、T4）可作为 CMI 教学测评系统。

① 学习监控系统。监测与控制学生，能为学生自动分配学习任务，提供练习与诊断性测试、评阅练习与测试，提供分析报告和跟踪学习进程。

② 课堂信息系统。自动采集反映课堂教学过程中的学生行为数据，并进行数据处理分析与提供结果报告，教师可以获得关于学生群体特征和个人与群体之间关系的信息。

③ 学习顾问系统。能够为学习者个人就学习目标的设定、学习材料的选择、学习技术的配合等方面提供指导性建议。

④ 教育群件系统。能够管理与协调学生的合作性学习活动，包括学习群体的形成、学习活动的协调、学习信息的传输与整理。

⑤ 教育计划管理系统。能够进行学生培养方案层次的管理，包括整体培养目标的选择、课程计划的编制、学习资源的调配、宏观学习进程的检测与控制等。

⑥ 教学测评系统。在教学活动后，通过有目的、有计划的测试，对学生学习后的行为做出合理的评定。传统上，教学测评主要依赖于选择题形式，注重对学习结果的评价，适合客观主义倾向的教学测试（T1 和 T2）。随着评价理念的更新，评价更多侧重于学生的学习过程，更多采用表现性的评价方式。目前，正在积极探索利用计算机支持建构主义倾向的教学测试（T3 和 T4），如进行基于电子学档的评价等。

三、网络教学管理系统

随着教育信息化的不断发展，单机版的教学管理系统已难以满足教学管理和资源共享的需求，因此，它正被网络教学管理信息系统逐步取代，教育资源的收集、交换、存储、处理和利用将更多地通过各种网络通信系统进行。网络教学管理主要集中在两个方面，即教育资源管理和学习过程管理。

（一）学习管理系统

学习管理系统（learning management system，LMS）是侧重在网络上对教务教学、行政事务进行管理的平台，其目的是简化对学习和培训的管理。LMS 包括用户注册管理、课件目录管理、学习者的信息数据记录以及向管理员汇报等功能。LMS 提供的基本功能有：管理知识对象功能，如安排和编辑在线 / 离线的学习资源；启动在线课件，将 LMS 课件连接到 Internet ；发送对学习者的评估信息及测试报告：评估学习者能力，根据评估信息建议学习者的学习课程及管理学生的学习进度。

目前的网络学习管理平台普遍属于 LMS。对学习者来说，LMS 可以帮助他们自主安排学习过程，并提供与其他同伴交流和协作的空间；对管理者和教师来说，有助于了解，追踪、分析和报道学习者的学习情况，以做出正确的决策。绝大部分 LMS 都不具备教学内容制作的功能，LMS 使用者需另外提供内容制作工具。LMS 的最小可管理单位定位在某一门课程，即 LMS 的可重用性涉及的资源粒度为课件层。

（二）内容管理系统

内容管理系统（content management system，CMS）用于大数据的存储和恢复，在一个数据库中可以存储文本、声音、图像等。此外，内容管理系统也提供版本控制、注册、注销等功能。采用强大的内置搜索功能，用户输入关键词，就可以快速地从数据库中找到需要的信息，以及信息的创建日期、作者姓名或其他搜索标准。内容管理系统经常用于为组织创建信息入口，作为知识管理的基础，也可用于组织管理文档和媒体资产。

CMS 中最小的信息块是内容组件，即以 CMS 的可重用性所涉及的资源粒度为内容组件。这些内容组件在网络教育领域中被称为学习对象（learning object，LO）或可重用学习对象（reusable learning object，RLO）。

（三）学习内容管理系统

学习内容管理系统（learning contents management system，LCMS）是在整合 LMS 和 CMS 功能的基础上发展而来的管理系统，它能够比较灵活地创建、存储、发布和管理以学习对象形式存在的各种个性化学习内容。LCMS 主要为开发人员提供一种学习内容的开发环境，使开发人员可以利用学习对象库创建、存储、管理和发布学习内容。学习内容管理系统一般情况下是在学习目标模式上的内容管理，这种管理系统通常都有很好的搜索功能，便于课件开发人员快速找到所需的文本或媒体。

学习内容管理系统引入了学习对象的概念，尽量将学习内容和其描述信息分离，内容一般会在 XML 中标示，系统间的交换数据格式为 XML。这样，不同的 LCMS 可适用于各种格式的对象以及不同的平台，确保了学习对象和 LCMS 间的相互操作。

LCMS 结合了 LMS 的学习追踪、管理和 CMS 的内容创建、发布、管理，在可重用学习对象和相关网络教育技术标准的基础上，设计出一个即使没有任何编程经验的资源专家、教师或课件制作者也能方便地设计、创建、发布和管理网络的课件。同时，LCMS 能提供给学习者个体学习和认证，教育机构能追踪学习者的学习进度，并能及时调整以满足适合学习者的学习需要。

学习内容管理系统旨在为用户提供一个可制作学习内容、存储学习对象、管理学习和动态发布个性化学习内容的网络教育应用系统。

LCMS 原型系统主要由学习对象库、内容制作工具、动态发布接口和管理软件 4 个部分组成。其中，学习对象库、内容制作工具、动态发布接口为核心模块。

① 学习对象库。学习对象库能存储和管理学习内容的数据库。

② 内容制作工具。允许没有编程经验的制作者创造新的或重用已有的学习对象来快速制作标准化学习内容。它能根据教育设计的基本原理，向制作者提供制作模板和导航机制来实现制作的自动化。通过对模板的使用，制作者能够重用学习对象创作新的学习内容，或者把新的对象和旧的对象集合在一起。

③ 动态发布接口。动态发布接口能根据学习者的学习状态、开始学习前的测试结果或用户的检索请求来动态地发布学习对象。

④ 管理软件。管理软件是一个能管理学生记录、启动课程、跟踪学生进度的应用软件。

学习内容管理系统的研制和开发，克服了传统教学管理系统教学内容开发过程与学习管理过程相分离的问题，使学习内容的共享和教学系统的交互成为可能。学习内容管理系统在国外已有一定的研究，如 WBT Systems、Knowledge Mechanics 等，国内的研究及其应用系统的开发工作才起步。

（四）学习活动管理系统

1. LAMS 及其系统构成

学习活动管理系统（learning active management system，LAMS）是一个开源的学习软件平台，其设计理念来源于教学管理系统（instructional management system，IMS）组织的 LD 规范，主要以 IMS 学习设计和教学媒体实验室（educational modeling language，EML）为基础。作为新一代智慧云学习管理平台，LAMS 有效地克服了以往 E-Learning 学习管理平台的缺陷和不足，LAMS 相对于以往基于内容的学习管理系统的一个很大改进就是为教师和学习者提供了一个可以进行密切交互和协助的学习活动序列。事实上，Blackboard、WebCT、Claroline 等教学辅助平台都已经具备了部分 LAMS 的特性，只是在个性化学习活动序列设计上还有待完善。

LAMS 侧重于活动和活动序列的设计，为教师进行在线学习活动序列（sequence）的设计提供了可行性框架。LAMS 提供了一个创建、存储和重用学习活动序列的可视化编辑环境，教师通过它可以设计各种在线学习活动，从而真正满足了教师通过 E-Learing 实现个性化教学的目标。LAMS 将活动作为其基本的学习单元，而课程目标的实现是通过一组序列化的学习活动，即学习活动序列来完成的。利用 LAMS 提供的交互式学习活动工具，可以有效支持协作学习环境下不同小组学习者之间的交互学习。

LAMS 主要由核心程序和所提供的工具箱组成，核心程序为不同的用户提供了相应的接口，主要包括管理员、设计者、学习者和监控者四个主要接口。用户通过不同的接口进入系统，行使不同的权限。

管理员主要是对 LAMS 系统进行配置管理，包括教师和学习者用户的创建和管理、班级的创建及管理等；设计者可利用 LAMS 所提供的工具集进行学习活动序列的设计和活动序列的发布；监控者监控学习者的学习过程；学习者通过设计者所发布的学习活动序列进行学习。

工具箱中所包含的工具（如聊天室、论坛等）是创建学习活动的基本单元，设计者可以将设计界面左侧活动工具箱中的任何工具通过鼠标直接拖曳到编辑区来创建学习活动，从而设计出有效的学习活动序列。

LAMS 核心程序采用了模块化集成的思想，每一个模块都抽象出接口（核心程序链接 API）和 LAMS 工具或外部应用程序（Moodle、Sakai 等）进行交互，从而完成设计、学习、监控和系统管理四个核心程序对各工具的支配调用。

2. LAMS 系统的支撑平台

LAMS 采用 Java 2 平台作为其底层结构，提供了 Servlet API、JSP 及 XML 等全面的技术支持，有效解决了并发访问、分布式管理和安全性的系统需求。

LAMS 支撑平台主要包括 JBOSS 应用服务器（集成 LAMS 核心程序、内部工具和 Hibernate）、MySQL 数据库服务器、ApacheWeb 服务器和浏览器。

JBOSS 应用服务器通过 Hiberate 向 MySQL 读取写入数据，Hibemale 对 JDBC 进行轻量级的对象封装，相对于使用 JDBC 和 SQL 来操作数据库效率大大地提高了。通过 HTTP 在终端使用浏览器将 HTML、JSP、Flash 及 XML 等网页信息解析出来。ApacheWeb 服务器通过 Mod_jk 组件与 JBOSS 应用服务器进行整合。

设计者、监控者、学习者和管理员在 LAMS 中都对应着相应的核心程序，下面以设计者使用 LAMS 进行学习活动序列的创建、保存，到监控者发布学习活动序列，再到学习者学习的完整过程来说明 LAMS 的内部运行过程。以设计者的身份登录 LAMS 系统后，设计者通过所对应的核心程序调用活动工具箱中的工具，创建不同的学习活动，并利用场景管理工具将各个学习活动连接起来形成学习活动序列，单击“保存”按钮，通过程序链接 API 保存到数据库中。监控者通过其对应的核心程序使用连接 API 将数据库中的学习活动序列通过 JBOSS 服务器对外发布，这样，学习者就可以使用浏览器利用学习者核心程序所提供的学习者界面进行学习了。

LAMS 拥有全新的设计，集设计、发布、学习和监控于一体，支持用简单的拖曳操作来设计复杂的教学活动场景，搭建 LAMS 所使用的各个组件及环境都是免费提供给用户的。LAMS 所具备的贴近实践的学习设计理念、强大易用的教学支持模块、开源的软件支持功能和强大的社区服务支持等特点，决定了其将被广泛应用于教育教学领域。

第三章　信息化教学设计

第一节　教学设计的基本概念

教学设计是以学与教的原理、传播科学和系统科学等为理论基础，以教学系统和教学过程为研究对象，以获取优化的教学效果为目的，连接教学理论和教学实践的桥梁。

一、教学设计的内涵

教学设计（instructional design）又称教学系统设计（instructional system design），是指运用教学系统方法来分析教学问题、确定教学需求、设计教学方案、试行教学方案、评价施行结果，并在此基础上不断改进教学的系统规划和决策过程。教学设计是一门应用性的教育技术，它既具有一般设计的特征属性，同时又必须遵循教学的基本规律。

在日常的教学实践中，教师制订教学计划、分析教学内容、准备教学方案、检查评估教学等都是对教学活动进行的设计工作，但它往往局限于教师的经验和直觉。现代教育技术意义上的教学设计，通常被定义为运用教学系统方法开发媒体学习材料和规划教学活动方案的系统化组织过程，它是对教学系统进行规划和组织的方法步骤和决策程序，其产出结果一般是经过验证的教学系统或教学实施方案。

教学设计有别于设计教学。设计教学只是为了创设教学序列和情境而进行的有计划、有步骤的“设计”活动；作为一种应用性的教育技术，教学设计不仅包括了“设计教学”的过程，还包括了关于设计教学的理论、研究和实践领域，是关于设计教学的结构化、系统化的理论和实践体系。

教学的宗旨是促进学生获得知识和技能，不同类型的知识、技能需要不同的学习条件，教学设计的目的就是为了开发能够促进学生掌握各种知识和技能的学习材料与教学情境，以满足不同知识类型和不同的学习者对学习条件的不同需求。由于教学系统的结构比较复杂，任何教学理论和教学技术又都具有一定的局限性，因此，教师在从事实际的教学活动和教学开发时，除了应该遵循教学设计的一般原理，还应该结合自己的教学经验，充分发挥自己的创造性，以体现教学的个性特点。

二、教学设计的过程模式

教学设计模式是一套程序化的步骤，不同的教学设计模式包含的步骤会有所不同，但一般教学设计模式都包括一些基本的要素。这些共同要素可用 ADDIE〔analyze（分析）、design（设计）、development（开发）、implementalion（实施）、evaluation（评价）〕模型来概括其一般特征，这便构成了教学设计的一般过程模式。

（1）分析。该阶段是其他教学设计阶段的基础。这个阶段必须界定 / 确定问题的来源和可能的解决方案。分析阶段的输出 / 结果通常包括教学目标和教学任务。这些输出又将作为设计阶段的输入。

（2）设计。在分析阶段的基础上，设计一个开发教学的策略。这个阶段必须概述如何达到教学目标。设计阶段包括目标对象的描述、学习分析、写出目标和测试项目、选择传输系统和安排教学顺序。该阶段的输出是开发阶段的输入。

（3）开发。开发阶段以前两个阶段为基础。该阶段的目的是生成课程计划和课程材料。在该阶段，必须开发教学、教学中所应用到的媒体以及任何支持性资源。

（4）实施。实施阶段是指教学的实际传输，可以是课堂教学、实验室教学或计算机辅助教学。在这一阶段，必须促进学生对学习内容的理解，帮助其掌握学习目标，确保学生能把在教学情境中获得的知识迁移应用到实际的工作中。

（5）评价。这一阶段是检测教学的有效性和教学效率。评价可以是形成性的，也可以是总结性的，但它应当贯穿整个教学设计过程。形成性评价是在每个阶段实施过程中和阶段之间进行的评价活动，而总结性评价则是在实施教学计划之后进行的评价，其结果通常是最终分析教学得失、确定进一步改善策略或决定该教学计划是否继续运用的重要依据。ADDIE 是一个适用于各种类型学习（包括基于网络的信息化学习）的教学设计的一般模型。传统教学设计模式经过几十年的深入研究与发展，已形成了一套比较完整、严密的理论体系，其可操作性强，目前仍是教学设计的主流。由于受到行为主义教学理论的深远影响，即便是比较重视认知设计的一些理论模式，通常也是更多地重视教师的“教”，因此，这种教学设计理论常被称为以“教”为主的教学设计。这种教学设计的优点是有利于教师主导作用的发挥，有利于开展系统化教学，并具有较强的实用性和可操作性；其不足之处主要在于这种教学设计理论相对忽视了“学”的设计，学生学习的积极性和主动性受到一定程度的限制，学生的主体作用难以得到充分发挥。

三、建构主义教学设计观

建构主义认为，学生是认知学习的主体，是知识意义的主动建构者；教师是学生学习的帮助者和促进者，只对学生的学习建构起帮助、引导和促进作用；学习是学生获取知识的过程，但知识并不是通过教师直接传授得来的，而是学习者在一定的学习情境中，借助他人（包括教师和学习伙伴等）的帮助，并利用必要的学习资源，通过意义建构的方式获得的。因此，建构主义学习理论提倡在教师的帮助和指导下以学生为中心的学习，其学习过程主要包含情境、协作、会话和意义建构四大要素，教学设计更强调学习的主动性、社会性、情境性、协作性与开放性。

①“教学情境”必须有利于学生对知识内容的意义建构。基于建构主义学习环境的教学设计不仅要考虑教学目标分析，还要考虑有利于学生建构意义的问题情境创设，并把情境创设看作是教学设计最重要的内容之一。

②“协作”活动发生在学习过程的始终。它对学习资料的收集与分析、学习假设的提出与验证、学习成果的评价直至学生意义的最终建构都具有重要作用。

③“会话”是达到意义建构的重要手段，是协作过程中不可缺少的学习环节。协作学习过程也是一个会话过程，在这个过程中，每个学习者的思维成果都能够为学习者群体所共享，因此，会话是达到学生意义建构的重要手段之一。

④“意义建构”是学习的最终目的和归宿，是整个学习过程的终极目标。在学习过程中帮助学生建构意义，实质上是指通过教学情境来帮助学生对知识内容所反映事物的性质、规律以及该事物与其他事物之间的内在联系等达到较为深刻的认识和理解，并形成学生自己关于学科知识的认知结构。

与传统的教学设计过程相比，建构主义教学设计更强调学习情境的创设、信息资源的设计与应用，以及对学习过程中“会话”与“协作”活动的设计，其教学评价自然也重视过程的会话与协作，以及学习者个体对知识意义的建构和理解。建构主义和行为主义、认知主义指导的传统教学设计并不是相互取代的关系，这些教学理论分别解释了学习过程的不同侧面，在不同的学习情境下它们是互为补充的。建构主义对一些复杂的学习领域、高级学习目标的教学设计是比较适合的，可以在很大程度上弥补经典教学设计方法过分分离与简化教学内容的局限。

第二节　信息化教学设计分析

信息化教学设计是以多媒体和网络技术为基础，以设计教学情境和发展问题解决能力为核心的教学规划与组织过程。它强调学生是认知过程的主体，注重学习的主动探索和自主发现，目的是激励学生在信息化环境中通过协作、探究、实践、反思、综合、问题解决等高级思维活动，来培养学生的探索精神、创新意识和实践能力等。

一、信息化教学设计的原则

信息化教学设计要求以建构主义理论为指导，充分利用信息技术手段进行基于资源、合作、研究等方面的学习，使学习者在意义丰富的情境中主动建构知识。信息化教学设计的基本原则主要包括五个方面。

① 强调以学生为中心，体现学生的学习主体地位，注重信息化学习过程中学生探究能力的培养。

② 教师作为学习的指导者主要致力于创设问题情境，组织学习活动，引导、监控和评价学习进程，并提供相应的学习资源和技术支持。

③ 注重利用“任务驱动”和“问题解决”开展学习探究活动，重视在具有真实意义的相关情境中开展学习活动，并充分利用各种信息资源和技术工具支持学生的学习过程。

④ 重视学习过程的社会性协作和交互活动。协作学习不仅是指学生之间、师生之间的协作，同时也包括教师之间的协作，以及重视对各种学习结果的社会性交流、讨论和共享。

⑤ 强调针对学习过程和学习资源的评价，注重过程性评价方式的应用，以评价来促进学生发展。

二、信息化教学设计的过程

信息化教学设计的过程一般由单元教学目标分析、学习任务与问题设计、学习资源与工具设计、教学过程与活动设计、学习案例与作品范例设计、学习评价量规设计、单元教学计划实施、学习评价、反思与调整等主要操作模块构成。在整个教学设计过程中，对于各步骤的分析和操作通常是按照这样一个顺序进行的，但必要时也可以跳过某些步骤或重新排序。教师应在掌握基本设计过程的基础上，结合自己所教学科的特点，因地制宜、创造性地加以灵活应用。

（一）单元教学目标分析

教师需要根据国家或地方课程标准，分析学生特征和课程学习的特点，在此基础上确定单元学习目标，明确将要在教学活动中解决的问题或任务。这是信息化教学设计的起点。

（二）学习任务与问题设计

学习问题或任务（主题 / 项目）的确定应与单元目标一致，而且应具有趣味性、吸引力和挑战性。任务与问题应反映学科的基本概念、原理、规律或法则，应充分描述或恰当模拟呈现问题产生的情境，具体描述出问题可操控方面的因素，以利于学生进入问题情境、拥有问题意识或增强对任务的主人翁感。

教师要设计能够激发学生学习积极性的任务或问题，鼓励学生主动探究与合作。借助丰富多彩的实践活动来融合学科基础知识和技能的学习，融合各种信息工具和资源，将知识的学习和运用有机联系在一起，为意义建构提供必要的真实情境，注重学生创新思维和实践能力的培养。

（三）学习资源与工具设计

根据学习内容和任务主题的要求，教师要设计出相应的学习资源和技术工具，以便在教学活动中提供给学生。在学习资源和技术工具的设计过程中，教师应结合现有信息化条件，有效利用传统教学资源与技术条件；确定各类学习资源的获取方式是由教师提供，还是由学生根据任务自行查找；明确各类技术工具的学习作用，尤其是信息化认知工具在学习过程中的应用要求等。

信息化教学设计特别强调教师的信息素养，教师要具备信息获取、加工、整理与评价的能力，能够引导学生有效地利用资源来建构学习。学习资源和技术工具如果由教师提供，教师就必须提前寻找、收集并认真评价相关资源的学习价值，以确保学生获得可靠、有用的学习信息；如果规定学生自行查找，教师则应设计好信息资源查找和收集的目的、要求、策略等，以免学生在信息搜索过程中漫无目的地浪费时间。

（四）教学过程与活动设计

教师要仔细设计帮助学生进行学习和探究的步骤，包括学习进程计划、教材分析与研究、学习活动方案和组织形式、课堂教学的日常开展，以及根据不同学生的差别设计出相应的教学策略和情境要求等。如告知学生在学习过程中如何开展探究活动、需要遵循哪些步骤才能完成任务等。教学活动形式应该多样化，并将课堂教学、学校学习和网络化虚拟学习有机结合，将个性化学习、小组协作 / 交流学习和班级课堂教学统一协调，以便教学计划能够顺利执行。

（五）学习案例与作品范例设计

为了拓展学生的学习经验，教师需要为学生提供与主题学习任务有内在联系的各种学习案例或学生学习作品范例。学习案例要有利于唤醒学生已有的知识经验，并与学生已有的知识经验相关联。案例必须能描述问题的复杂性，不能采用抽象化和简单化的案例来替代复杂化的问题。

如果没有现成的学习案例或作品范例可用，教师可以模仿学生来设计任务完成时的学习作品。教师设计学生作品的目的是给学生提供学习参考，更为重要的是，教师通过设计制作学生作品，可以加深对教学内容的理解，体会在教学中学生可能遇到的问题和困难，以便及时调整或修改教学计划，使教学设计能够更符合学生的学习情况。

（六）学习评价量规设计

评价量规是帮助教师进行教学评价的工具，教师需要根据教学目标制定相应的评价标准，以便在教学中评价学生的学习过程和学习效果。学习评价量规应当建立在教师和学生共识的基础上，量规的选择与创建必须具有科学性，应该符合对学生预期的学习结果和形式，符合课程或单元学习目标、主题任务、学习者心理特点的需求。学习评价量规应该事先提供给学生，以便使每位学习者都知道教学要求和学习结果，从这个意义上说，评价量规工具也是学生进行学习活动的指导原则。

（七）教学单元计划的实施

根据教学设计方案，教师可以制订出切实可行的教学计划和活动方案。在课程或单元教学计划的实施过程中，教学计划可以根据实际的教学情形不断进行调整。在教学方案的实施过程中应该体现学生的自我管理和组织参与，教师应该为学生提供适当的策略建议、咨询帮助、学习指导和心理激励等。

（八）学习评价、反思与调整

教学设计的各个环节都需要对设计工作进行评价和反馈，并随时调整教学过程的各个环节。评价、反思与调整应该贯穿于信息化教学设计过程的始终。在教学设计方案实施的过程中，教师应适时组织学生展示学习结果（作品），并说明结果产生的过程；按预定的学习量规开展自我评价、同伴评价、教师评价或外部评价；为学生创建一个学习过程自我评价表，以便学生检视自己的学习过程，并根据评价结果反思学习得失，改进学习策略或调整学习活动等。

三、信息化教学支撑材料

信息化教学设计必须考虑多方面的学习支持，教师应该为学生提供各种支撑材料作为开展学习活动的支架。学习支撑材料的形式并无一定之规，随学习任务不同、支架目的不同而变化，它一般包括与任务主题相关的参考资源、作品范例、评价量规、学习支持和认知工具等。

（一）课程学习的参考资源

信息化教学倡导以学生为中心的教学理念，教师要尊重学生的学习自主性。在学生学习的过程中，教师通常只是“平等中的首席”。然而在缺乏指导的学习中，学生可能会因受挫而失去深入探究的兴趣，也可能因错误线索的引导而偏离预期的方向。教师在设计教学过程时必须考虑多方面的学习支持，并提供各种相应的支撑材料作为信息化学习的“支架”。通过创建学习支撑材料，教师不仅可以为学生提供学习所需的资料或资料调研的方向，还可以用来指导学生问题探究的方法以及表达教学要求和学习期望等。

教师提供的参考性学习资源一般包括以下几种：符合课程主题和学生特点的学习材料；反映相关史实的参考性信息资源；代表不同认识观点的信息材料；可通过电子邮件取得联系的专家；各类交互式信息与视听媒体资源；传统的书籍、杂志、文献资源和一些网络资源链接等。丰富的学习资源可以在问题探究的过程中将学生思维不断引向深入。对于学生完成学习任务所必需的信息资源，教师应该进行适当的选择、组织或设计，以避免学生搜集信息时在网上盲目“冲浪”，浪费精力或忽略学习目标。教师可按学习者不同的探究水平来考虑信息和资源加工的深度、物理分布的形态等。总之，信息资源的提供既要考虑学习的需要、学生的认知特点，又要考虑学校的现有条件，并充分利用当地的图书馆、博物馆、社区、家长等资源。

（二）学习支持工具

信息化教学环境下常用的学习支持工具主要有认知工具、协作与交流工具、学习建模工具、效能工具与知识管理工具等。

1. 认知工具

认知工具的概念来自认知心理学领域，广义地说，它包括一切能够支持、引导和扩展用户思维活动过程的智力方法或技术设备。可以看出，认知工具分为两种：一种是有形的认知工具，即技术设备，如铅笔、黑板、投影等；另一种是无形的认知工具，即智力方法，它包括一系列的认知策略，如语义网、元认知等。其最主要的特征就在于简化人类的学习任务，使学习者更有效地学习。认知工具在帮助和促进学习认知过程，培养学生批判性思维、创造性思维和综合思维过程中具有重要作用。它可以帮助学习者进行信息与资源的获取、处理、编辑、制作等，有利于学习者方便地表述知识问题或思维过程，或者通过其自动功能替代完成一些低级任务或减轻某些认知活动（如计算工具）等，并可用其来更好地表征自己的思想或与他人通信协作等。

任何工具如果使用得当都可能成为认知工具；反之，即使很先进的技术或软件系统，如果运用不当也不会起到认知工具的作用。如使用一个虚拟实验室系统时，如果学生只是按照教师拟订的步骤完成实验，虚拟实验室就没有起到认知工具的作用。只有让学生自己主动设计方案并通过系统去实现，虚拟实验室才起到认知工具的作用。认知工具的设计关键不仅在于工具种类的选择，更重要的是工具使用方式的设计。学生在学习过程中由于背景知识、学习习惯和能力、认知风格等有明显差异，因此，学习需要的认知工具也不相同。教师应提供多种具有开放性、探究性的认知工具，以适应不同学生的学习需求。

2. 协作与交流工具

学习者之间的协作与交流不仅有利于知识建构、认知的发展，也有利于学习者情感的发展。因此，在学习过程中，教师要为学习者设计并提供支持交流与协作的工具，以便学习者与同伴进行问题讨论、共享信息资源，寻求教师、学科专家的帮助和指导等。如支持同步交流的电话、传真、聊天室、视频会议系统等;异步交流工具如E-mail、留言板、短信、Blog等。

3. 学习建模工具

学习建模工具是指根据知识的内在系统原理，利用计算机建造出系统模型，供学习者学习知识时使用，以提高对知识的理解力的各种工具。这些工具允许学习者建构模型或对象，再为验证参数而对模型或对象进行操作。如几何画板（The Geometer's SketchPad）、互动物理（Interactive Physics）等，都可以用来帮助学生观察、探索和发现对象之间的数量变化关系与空间结构关系。

4. 效能工具与知识管理工具

效能工具（productivity tools）是指能帮助学习者提高学习效率的工具，如文字处理软件（MS Word 2000和WPS 2000）、作图工具、帮助系统、搜索引擎、Notepad等。知识管理工具是指帮助学习者对知识进行管理的工具，如网络日志（Weblog、Blog）和电子学档（E-Portfolio）是学习者进行知识管理的好帮手。当然，很多支持学习的工具性软件并不只具备一方面的功能，如数据库软件既可以作为效能工具，又可以作为认知工具使用。

（三）学生学习作品范例

范例是符合学习目标要求的学习成果（或阶段性成果），往往包含了在特定主题的学习中最重要的探究步骤或最典型的成果形式。如教师要求学生通过制作某种电子文档（多媒体演示文稿、网站、新闻稿等）来完成学习任务时，教师可以展示前几届学生的作品范例，也可以从学生的视角自己制作范例来展示。好的范例在技术和主题上会对学生的学习起到引导作用。范例展示可以避免拖沓冗长或含糊不清的解释，帮助学生较为便捷地达到学习目标。学习作品范例是为了让学生了解学习成果的形式和要求，教师在提供范例的同时要强调它只是为学生完成学习作品提供参考，是对学生的一种启发，要鼓励学生创新而不是用范例来“框”住学生的思想。另外，范例并不一定总是电子文档等有形的实体，还可以是教师操作的技巧和过程。在展示非实体的范例时，教师可以边操作边用语言指示说明，对重要的方面和步骤进行强调。

教师制作学生作品范例时应注意以下问题。

① 在创建过程中应随时提醒自己是以学生的身份、用学生的思路和语言来设计报告，而不是以教师授课的角度和思路来设计报告。

② 学生作品范例创建应注意技术应用和学生学习之间的明显联系，技术应用应成为学生学习过程中的一个有机组成部分。

③ 使学生作品范例能够支持高级思维能力。由于学生作品范例实际上是为学生的学习活动进行导向，因此，教师在创建范例时，应注重思维技能由低级向高级提升，引导学生在活动中将注意力集中到分析、综合、评价等高级思维上。

④ 界面设计简洁，重在学生研究的内容、过程、思路和个性化的研究结果的设计，

尤其不能忽略内容和思想的设计与构思，而不是注重界面设计的精美。

⑤ 学生作品范例应达到拟定的学习目标，在内容和设计方面应符合教师对学生的最低要求。

（四）学习评价量规表

评价量规表包括对教学活动展开过程中学生的表现（主要是课堂参与、协作学习过程中对小组的贡献、完成任务的情况、学习过程的态度与兴趣）、学生的作品等进行评价的具体项目及标准，包括课堂观察表、学生互评表、自评表、教师评分表等。评价量规表作为一种可参照的等级量表，在学习过程中对于学生具有行为的参照性，有利于学生在探究的过程中自主调节自己的行为，它是学生完成学习活动的基础性目标。

如在“海洋有问题”的网络探究学习过程中，教师提供了一个结构化的定量评价标准，从学生的参与情况、信息的应用能力、概念图的制作、海报的设计等方面详细规定了评级指标，如表 3-1 所示。利用这种量规来评价学生的学习过程和学习成果，可操作性强，准确性高，既可以让教师评，也可以让学生自评和互评。

表 3–1　定量评价标准

评价指标（分值）	具体指标	量化等级分值				得分	各项小计
		优	良	中	差		
参与程度（25 分）	你是否按照学习要求做了						
	你按时完成了全部活动吗						
	你是否自主学习						
	你是否与人合作工作						
	你是一个好的听众吗						
应用技能（30 分）	在开始 Web Quest 之前，你至少想出了 10 个主意						
	你是否浏览了所有的资源页面						
	你是否从每个站点发现至少 3 条信息						
概念地图（25 分）	你的概念地图能呈示人、动物和海洋之间 10 条以上的关系吗						
	你的概念地图能告诉你学习什么吗						
	你的概念地图的组成容易被人理解吗						
	你能否把你的概念地图解释给从来没有用过它的人						
海报设计（20 分）	你是否选择了一项重要事实或者进行了有益的说明						
	你的广告画是否整洁，而且颜色丰富						
	你能确信所有的拼写都是正确的吗						
合计总得分							

第三节　学习情境及活动设计

情境是学习过程的重要组成部分。知识、概念与原理的学习不应脱离具体的活动方式来进行，课程内容、问题情境和学习活动三者是有机融合在一起的。教学应为学生提供一种开放性的、与现实生活不断互动的学习情境，以促进学生主动参与活动、自主探究学习和建构知识意义。

一、学习情境的创设原则

学习不可能脱离具体的情境而产生，情境是学习中重要而有意义的组成部分。教学设计需要将问题具体化，同一个学习问题，在不同的情境背景中（不同的工作环境、社会背景），其表现是不同的。教科书上的知识内容是对现实生活的抽象和提炼，而设计学习情境则是要还原知识的背景，恢复其原来的生动性和丰富性。因此，建构主义强调真实情境下的学习，这不仅有利于减少知识与问题解决之间的差距，而且有利于促进学生知识迁移能力的培养。

在设计创设学习情境时，应遵循五个原则。

（一）情境创设要符合学生的认知结构水平

建构主义学习理论指出，要提供与学习主题的基本内容相关的和与现实生活类似的或真实的情境，使学生具有为理解主题所需要的经验，帮助学生在这种环境中去发现、探索和解决问题。因此，情境的创设应注意对教学内容的把握和对学习者学习特征的分析。

（二）情境创设要尽可能真实

在建构主义学习理论的情境创设中，强调创设真实情境。真实应包括真实性和科学性。只有真实才更富有感染力，才能更贴近学生的生活体验，调动参与学习的积极性，有利于学生对学习主题的认知和意义的建构。因此，情境创设时要注重利用多媒体技术与仿真技术进行生动的社会文化与自然情境的创设；要善于利用各种媒体的长处，尽可能运用真实的媒体，减少对媒体的技术处理与修饰。

（三）情境创设要有多样性

多样性是选择性的基础。建构主义认为，知识是根据自己的经验和社会环境而建构的。每个人的经验都存在差异，人们对客观世界的解释和建构也是多样的。因此，在进行教学设计时应该围绕学习主题，力图从不同的角度、不同的方面提供多变与多样化的情境创设，由学生自己去选择符合自己经验的情境进入，按照自己的方式去完成意义的建构。

（四）情境创设要有吸引力

情境创设要善于创新，富于变化，既要让情境与学生的生活经验有一定的联系，又要有新的信息、新的情境、新的问题，善于运用不同媒体的特点去表现不同的效果，以引起学习者的注意。尤其是对问题情境的创设要有吸引力，要让学生带着有吸引力的问题去学习，把注意力吸引到重要的信息上，还应提供在线帮助系统，以便在学习过程中随时为学习者提供咨询与帮助。

（五）情境创设要有整体性

情境创设、协作、会话和意义建构一起成为学习环境的四大要素，它是整个系统中的一部分。媒体课件的情境创设要考虑与其他 3 个要素的衔接和依托，应该有利于其他要素的展开，有助于学生顺利完成对新知识的意义建构。

二、学习情境的常见类型

情境创设一般分两种情况：一是对于结构严谨的学科知识，如数、理、化等理工科内容一般要求学习环境具有丰富的信息资源和认知工具，并包含许多不同情境化的应用实例和相关资料，以便学习者自主发现和主动探索；二是对于结构松散的学科知识内容，如文史、语言、社科类内容，一般应在丰富的资源环境中创设模拟或仿真情境，以利于激发学生的积极参与和交互式学习，并在参与和交互的过程中完成对问题的理解、知识的应用和意义的建构。

（一）问题情境

创设问题情境就是在教材内容和学生求知心理之间制造一种“不协调”，把学生引入一种与问题有关的情境的过程。这个过程是“不协调—探究—深思—发现问题—解决问题”的过程。“不协调”必须要质疑，把需要解决的课题，有意识地、巧妙地寓于各种各样符合学生实际的知识基础之中，在他们的心理上造成一种悬念，从而使学生的注意、记忆、思维凝聚在一起，以达到智力活动的最佳状态。教师根据学生情况和教材内容而创设的问题情境能诱发学生的好奇心和求知欲。创设问题情境宜围绕教学目的进行，注意培养学生的发散性思维与创新意识，且难度适中。

（二）真实情境

创设真实情境，让学生亲临现场，在工厂、田间、野外等真实的生活与工作场景中学习知识，运用所学知识解决实际问题。通过创设真实情境，进行现场范例教学，使学生能够学以致用，身临其境，在真实的演练中施展自己的才能，品尝受阻的焦虑和成功的喜悦，在积极思考中提高解决实际问题的能力。在工程教学中宜采用此法。

（三）模拟情境

一些危险性强、不易或不宜真实接触的必修教学内容与学习内容可以用创设模拟现实情境来满足教与学的需求。例如，法律专业的学生创建模拟法庭来模拟法庭现场进行演练；学生自编、自导、自演英语话剧来锻炼他们自身的英语听说能力等。

（四）合作情境

教学中的合作有利于开拓学生的思路，改善课堂氛围，培养与人协作的作风，能充分调动学生学习的主动性。合作中有竞争，既能发挥学生个体的积极性，又能促进学生之间相互团结、密切配合，增强集体荣誉感。通过合作教学，不仅充分发挥了学生的主体作用，而且能培养学生的交往协作和竞争能力。在进行探索性的研究或问题解决式的教学时宜采用此法。

（五）资源情境

具有丰富学习资源的情境是指提供丰富的学习资源，学生充分发挥学习主体作用，教师则起引导作用，使学生在探索中学习、求知，培养其独立钻研、独立学习的能力。资源的共享是时代发展的要求，学习的根本在于拥有学习资源。具有丰富学习资源的情境将是未来教与学环境发展的总趋势。创设良好的教学情境有助于学生产生积极的情感，激发求知欲，使学生在“乐”学中掌握知识、培养能力。

各类教学情境不是彼此割裂的，而是相互联系、交叉与重叠的。在现实的教与学中，应根据教与学的实际需求选择、创设各类情境，对其进行优化组合以取得教与学的最优效果。

三、学习活动的设计流程

学习活动是指学习者以及与之相关的学习群体（包括学习伙伴和教师等）为完成特定学习目标而进行的操作总和。学习活动设计是教学设计的重要内容，只有在社会化的、以活动为导向的情境中，学习过程才是最自然和最有效的。高质量的学习活动设计一般应包括合理的活动主题或任务、协调的活动分工、丰富的活动资源、明确的活动规则、完整的活动样例等。

（一）设计活动任务或主题

任务或主题是为达到既定教学目标而设立的活动内容，如基于资源的学习问题、研究性学习的主题等都是典型的活动任务。活动任务或主题的确立至关重要，它是学习活动设计中最具创造性的设计工作。活动任务或主题设计与具体的学科内容相关。高质量的活动任务不但要将新知识和技能与学习者原有的知识技能联系起来，而且要在新的知识技能与学习者的生活经验、实践领域和学习者的兴趣点之间建立联系，以此促进学习者高级思维能力的训练。

（二）设计活动流程和步骤

设计活动流程和步骤是对学习活动的宏观控制，它通常包括确定活动顺序、明确活动分工和规定成果形式等。一个完整的活动过程一般应包括启动阶段（如明确目的和任务、激发活动动机等）、准备阶段（如了解先决技能、掌握学习方法、明确评价量规、准备学习材料等）、操作阶段（如收集信息、加工信息和发布成果等）及总结评价阶段等。如果只有活动任务或主题，没有流程控制和监管控制，活动实施时教师就基本失去了了解、指导和管理学习的机会，这种活动不利于学生学习。

学习活动有多种具体形式，如收集信息（包括阅读、观察、记笔记等）、加工信息（包括画概念图、论证、列表格等)、发布成果(包括演讲、展示、写作、答辩等)。学习活动设计的每一阶段都要明确师生间的任务分工。

(三)设计活动情境与资源

为促进有效的学习，教师应为学生设计包含知识的有意义的学习情境，以此激发学习者真实的认知需要。情境的创设应力求真实或接近学生所处的真实环境，知识和技能是自然地嵌入真实的情境之中的。情境应具有一定的综合性和复杂性，真实的情境往往是综合和复杂的。在情境中应当努力为学生创设发现问题和提出质疑的机会。同时，教师要为学生提供完成任务所必需的丰富的、充分的信息资源和技术工具，以支持学生的学习活动。

(四)设计活动监管规则

活动监管是学习活动的微观控制。只有流程设计而没有过程监管，活动设计是不完整的。活动监管的灵活性很大，这主要集中在监管规则的设计上，如规定各阶段的活动成果形式(可以是报告、产品、模型等)、规定教师向学生提供的学习支架的内容和类型、规定干预和反馈的时机、规定时间进度安排、规定目标和任务的调整时机、规定相应的奖惩行为等。

(五)设计活动评价规则

活动评价是指对学习者完成学习活动情况的评价，不是对活动设计质量的评价。学习活动设计必须事先规定评价方法和量规标准。活动评价规则的设计包括：规定评价主体是由教师、学生还是第三者来评价；规定评价对象(既应考虑学习活动结果，又应考虑学习活动过程)；规定评价方式，是采用事先制定的标准参照还是学习结果相对参照(适当利用相对参照可以激发学习动力)；规定明确的评价量规，包括对学习成果的评价标准以及对学习过程中行为表现的评价标准；规定评价计分方法，确定是定量积分制还是定性分级或两者结合。

四、自主学习活动的设计

自主学习活动的设计主要是为学生营造一个能有效促进其主动学习发生的学习环境。虽然自主学习被看作一种重要的学习方式，但很少有教师对学生的自主学习进行有效的设计。这主要是由于一直以来人们更多地关注教师主导的课堂教学设计，忽视对自主学习活动的设计问题。自主学习活动的设计主要包括四个方面。

(一)学习目标的设计

在自主学习过程中，教师无法监控整个学习过程和细节，因此，学习目标对学生更具有重要的方向性意义。教师对目标描述不能含糊其词、笼统，必须以明确的方式告知学生。教师要对学习目标进行系统化设计，详细划分目标层次和类别，确保目标清晰。清晰的学习目标有利于学生及时了解和准确把握自己当前学习所处的层次，同时也便于学生、教师和同伴对学习过程和结果进行评价。

学习目标设计应把握规定性和灵活性。规定性由教师给出，而灵活性则可交给学生自己。学习目标的设计还要考虑长、中、短期目标间的关系，确保三者有效衔接。不同的学生按照自己的意愿和想法可做个性化选择，同时，教师提供指导意见或师生协商制定学习目标。本着“以学生为中心”的原则因人而异制定目标，从学习者的学习准备开始，就可以让自主学习体现出个性化风格。

（二）问题与任务的设计

教师对自主学习过程中的任务设计应突出问题的真实性、趣味性和挑战性特征。

1. 真实性

问题的真实性不仅有利于构建意义，而且有利于培养学习者解决实际问题的能力。对于学习者来说问题越真实或越接近真实，学习情境就越丰富，学习者就越容易定位自己的角色。一个真实的问题和任务能让学习者产生身临其境的感觉，增强学习动机。教师可以利用多媒体或视、音频技术创造可视化的学习环境，在学习者面前展现出真实的问题空间；还可以利用虚拟技术在网络上营造出各种仿真环境或模拟环境，通过与之互动来促进学生问题解决能力和思维能力的发展。

2. 趣味性

问题的真实性不能代替问题的趣味性，真实的任务和问题不一定能引起学生的兴趣。设计者首先要了解学习者，通过调查、分析和协商，结合年龄、性别、个人偏好，选择与学习目标一致又能引起学生兴趣的问题和任务。同时，设计者必须掌握一些基本的策略或技巧，并通过有目的地运用这些策略调动起学习者的学习兴趣，如BBS热点讨论、网上作品公开、技术竞赛与网络学习游戏等。

3. 挑战性

问题应表现出一定的复杂性或难度，但又必须是学习者通过努力能够理解和解决的。挑战性的关键在于利用学习者的求胜心理，赋予任务一定的难度，如在前次任务的基础上对难度进行加码，或者给出一个学习者从未接触过的全新问题，能够满足学习者对挑战性任务的需要。挑战性的前提是，教师必须对难度有全面且准确地把握，以确保学习者经过努力能够解决，而且对学习过程要辅以技术支持和方法引导，否则，过重的挑战会反过来打击学习者探究和解决问题的积极性与自信心。

（三）信息库与案例库的设计

为了支持对事物现象或过程的体验，学习者经常需要关于这些现象或事物过程的额外信息。教师应为学生提供与问题相关的信息库，以及与学习过程相关的文本、图表和视听资源等。信息要在适当的时候以学习者便于选择的方式呈现，或者在合适的结点上提供嵌入相关资源的超级链接。

由于初学者通常缺乏领域学习的经验，因此，相关案例能为他们提供该领域知识的多样化展示，并可支持学习者获得这些经验。学习环境中的相关案例主要以两种方式支持学习：一种是通过基于案例的推理来支撑记忆，相关案例向学习者提供他们不具备的经验表征来支持意义的形成，这使他们能有意识地体验解决问题过程中所涉及的活动系统的本质；另一种是对复杂性进行表征，因为相关案例同时也向学习者提供所探讨的问题的多种观点和方法，帮助他们表征学习环境中的复杂性。

（四）学习工具的设计

有效的学习活动需要借助适当的工具来完成。教师要明确学生在完成学习目标过程中可以利用哪些工具、每种工具的主要性能和特征以及能支持哪种活动和操作等。对于支持学习的工具性软件，可进一步将其划分为认知工具、交流工具、问题解决与决策工具、效能工具等。让学生使用这些软件工具来完成作业、从事课题设计、进行数据处理等，可以帮助和促进学习者的认知过程，提高其学习效率。

五、协作学习活动的设计

常用的协作学习的活动方式主要有竞争性活动、合作性活动、问题解决和角色扮演等类型。协作学习可以为学习者提供对同一问题用多种不同观点进行观察比较和综合分析的机会，通过小组讨论、课堂辩论、角色扮演等方式，学生主动地参与讨论、探究、解释、评价等活动，深化对问题的理解，并形成自己对问题的观点与解决方法，同时建立社会化的交往方式，培养其基于团队的协作学习能力。因此，协作学习活动的设计直接关系到学生之间的合作能否取得成效。

（一）竞争性协作

竞争性协作是指协作者针对同一学习内容或学习情境参与学习过程，并有教师参加的竞争性学习。在教学中，教师根据学习目标与学习内容，对学习任务进行分解，由不同的学习者单独完成，看谁完成得最快最好。教师对学习者的任务完成情况进行评价，其他学习者也可以对其发表意见。各自的任务完成后，就意味着总任务的完成。

（二）合作性协作

合作性协作是指多个学习者共同完成某个学习任务，在共同完成学习任务的过程中，学习者发挥各自的特长，相互争论、相互帮助、相互提示或者根据任务的性质进行分工合作。不同协作者对任务的理解及其观点不完全一样，各种观点之间可以互相补充，从而圆满完成学习任务。

（三）问题解决

问题解决型协作首先需要确定问题。问题的种类多种多样，其来源也不相同。一般根据学生所学学科与其兴趣确定。在解决问题的过程中可以采取多种方式，如竞争、合作、辩论等，协作者需要借助虚拟图书馆或互联网查阅资料，为问题解决提供材料与依据。问题解决的最终成果可以是报告、展示或论文，也可以通过汇报的形式呈现。问题解决是协作学习的一种综合性学习模式，它对培养学生的各种高级认知活动和问题解决与处理能力具有明显的作用。

（四）角色扮演

角色扮演是让不同学生分别扮演指导者和学习者的角色，由学习者解答问题，指导者对学习者的解答进行判别和分析。如果学习者在解答问题过程中遇到困难，则由指导者帮助学习者解决。在学习过程中，学习者和指导者所扮演的角色可以互相转换。通过角色扮演，学习者对问题的理解会有新的体会。角色扮演的成功会增加学习者的成就感和责任感，并可以激发学习者掌握知识的兴趣与积极性。

第四节　信息化教学应用模式

教学活动存在于一定的时空关系之中，它在时间上表现为活动进程或教学序列的安排，在空间上表现为对教学过程各要素及其相互关系的处理和协调。不同的教学思想、任务和目标，以及不同的师生活动方式和组织形式，构成了不同的教学模式。

一、信息化教学模式的内涵

模式（model）通常被认为是再现现实过程或系统的一种理论性简化形式，其目的是帮助人们形象地把握某些难以直接观察或过于抽象复杂的事物。教学模式则是教学理论的具体化，它作用于教学实践，是教学理论和实践之间的中介。所谓教学模式，就是指为完成特定的目标和任务而在一定教育思想指导下建立起来的稳定、简明的教学活动程序和结构方式。而信息化教学模式则是教学模式在信息化条件下的新发展，主要是指技术支持的各种教学活动结构和教学方式，有时也称为基于技术的教学模式（IT-based Instructional Model）或数字化学习模式（E-Learningmodel）等。

我国教育技术学者从文化与心理两个维度对信息化教学模式进行了分类，如图 3-1 所示。这一分类将信息化教学模式划分为四个区域：Ⅰ区侧重于以教为中心的个别化教学，一些传统的 CAI 模式主要集中在这里；20 世纪 80 年代以后，由于建构主义学习理论在教育技术中的应用和多媒体技术的发展，国际上信息化教学模式的研究兴趣转移到Ⅱ区，强调以学生为中心的个别化学习；20 世纪 90 年代后，由于网上教育的兴起，出现了以合作学习为中心的多种虚拟学习环境（Ⅳ区）；位于Ⅲ区的教学模式则是从传统的电化教室发展而来，只不过增加了多媒体教学应用，虚拟教室的出现大大扩展了其概念；中心区域表征的是综合了多种信息化教学模式的集成化教育系统。

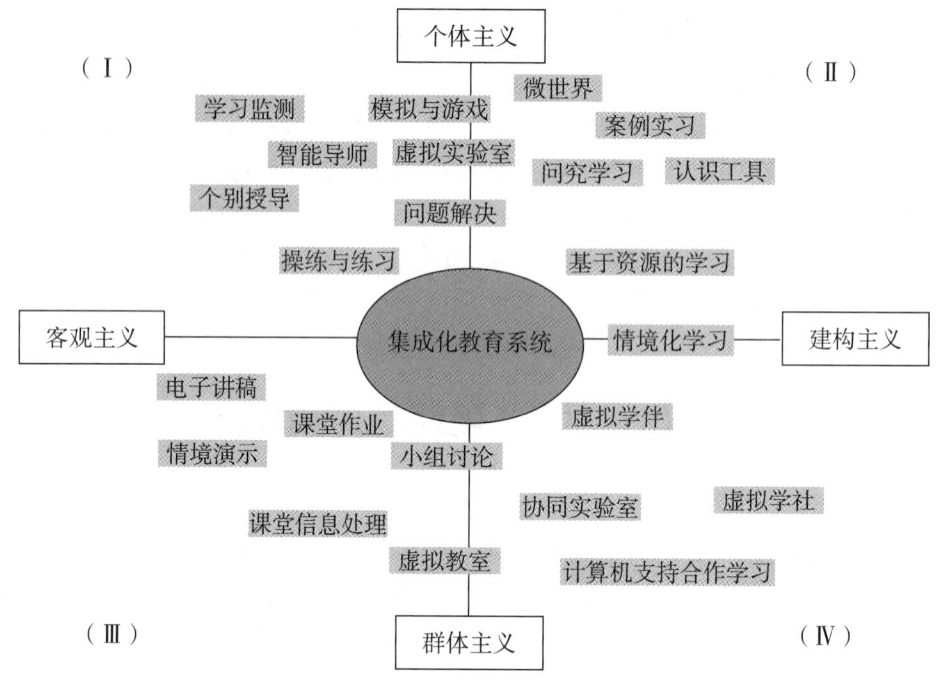

图 3-1　信息化教学模式的文化分类

信息化教学模式丰富多彩，但归结起来却不外乎以教师为主导的课堂教学模式和以学生为主导的自主学习与协作学习等，如课堂讲授式教学、基于案例的教学、基于问题或项目的教学、基于资源的自主性学习、网络化探究学习等。对于同一学习主题而言，采用不同的教学模式可能会产生不同的学习效果，因此，教师必须了解并熟悉信息化教学模式的常见类型、特点及应用方法等。

二、信息化教学模式的特点

（一）信息源丰富、知识量大、有利于情境创设

现代教育技术手段为课堂教学所提供的教学环境，使课堂上信息的来源变得丰富多彩，教师和课本不再是唯一的信息源，多种媒体的运用不仅能够扩大知识信息的含量，还可以充分调动学生的多种感官，为学生提供一个良好的学习情境。

（二）有利于提高学生的主动性、积极性

现代教育技术手段的加入，尤其是多媒体计算机和网络的加入，使教师的主要作用不再是提供信息，而是培养学生自身获取知识的能力，指导学生的学习探索活动，让学生主动思考、主动探索、主动发现，从而形成一种新的教学活动进程的稳定结构形式。在整个教学活动进程中，教学媒体有时作为辅助教学的教具，有时作为学生自主学习的认知工具，教材既是教师向学生传递的内容，也是学生主动建构的对象。

（三）便于开展个别化教学，有利于因材施教

计算机的交互性，为学生提供了个别化学习的可能，学生可以通过多媒体技术完整呈现学习内容与过程，自主选择学习内容的难易、进度，并随时与教师、同学进行交互。在现代教育技术手段所构造的教学环境下，学生逐步摆脱了传统的教师中心模式，由传统的被迫学习变为独立的主动学习，在学习过程中包含更多的主动获取知识、处理信息、促进发展的成分，有利于因材施教。

（四）学生互助互动，有利于培养协作精神和团队意识

计算机的网络特性有利于实现培养合作精神并促进高级认知能力发展的协作式学习。在网络的帮助下，学习者通过互相协同、互相竞争或分角色扮演等多种不同形式来参与学习，这对于问题的深化理解和知识的掌握运用有好处，而且对高级认知能力的发展、合作精神的培养和良好人际关系的形成也有明显的促进作用。

（五）有利于培养创新精神，促进学生信息素养的提升

多媒体的超文本特性与网络特性的结合，为培养学生的信息获取、信息分析与信息加工能力营造了理想的环境。众所周知，互联网是世界上最大的知识库、资源库，它拥有最丰富的信息资源，这些知识库和资源库都是按照符合人类联想思维的超文本结构组织起来的，特别适合学生进行“自主发现、自主探索”式的学习，这就为学生发散性思维、创造性思维的发展和创新能力的孕育提供了肥沃的土壤。

三、基于课堂的信息化教学模式

（一）技术支持的讲授式教学

1. 讲授式教学概述

讲授式教学是教师通过语言系统向学生描绘情境、叙述事实、解释概念、论证原理和阐明规律的一种教学方法。课堂讲授教学方式以学生对现成知识技能的理解记忆、巩固熟练和迁移应用为主线，主要目的是系统学习基本知识和训练基本技能。

讲授式教学以奥苏贝尔的有意义学习理论为基础，主要分为三个阶段。第一阶段，教师首先要阐明本节课的目的，引起学生注意和明确学习目标；其次呈现组织者概念，强调概念的本质属性，并通过实例不断促进相关知识间的联系，同时，提醒学生目前的学习任务，促使学生把先行组织者与原有知识经验相联系。第二阶段，可以通过讲演、讨论、录像实验或阅读等多种形式呈现新的学习任务和材料，使学习材料的组织结构和逻辑顺序明显化。第三阶段，通过融会贯通使新材料与学生原有认知结构牢固地联系起来，并形成新的认知结构。

讲授式教学法应用简单，操作过程程式化，但它强化了教师在课堂中的中心角色，由此也招致了猛烈的批评。事实上，讲授法和其他任何事物一样有其两面性。其优点是有利于教师主导作用的发挥，有利于系统、高效地传授基础知识。但其缺点也非常明显，教学过程由教师控制，难以发挥学生的主动性；课堂讲授主要面向全体学生，

难以顾及个别差异；师生交流往往只是单向作用，缺乏教师、学生间的多向互动。

2. 同步式讲授教学

技术支持可以使传统的讲授法运用更为灵活，教师借助各种媒体手段，通过讲授将知识传授给学生，帮助学生形成对知识的理解和解决问题的技能。信息技术对于讲授式教学提供的支持主要包括作为教师的教学演示工具、用来拓展学习的信息资源，以及作为学生学习的支持工具等。在同步式讲授教学中，教师和学生在空间上是分离的（不在同一地点上课），但在时间上是一致的，教师讲的同时学生也在听，而且师生之间可以有一些简单的交互，这与传统教学模式是一样的。在教学过程中，教师在配有摄像机、话筒、电子白板、投影仪的授课教室中讲课，学生在配有同样设备的远端教室中聆听教师的授课，教师讲课形式与传统课堂讲授形式一样，在电子白板上板书，通过投影系统观察远端教室中的学生表情，通过视频控制系统接收学生的反馈信息等。

同步式讲授的优势在于，可以延续传统教学模式，对教师教学要求比较低，而且课堂学习氛围较好，比较适合目前的学习习惯；缺点是缺乏实质性交互，由于课堂授课时间有限，一个教师同时要面对众多的学生，绝大多数学生是无法与教师进行交互的，总体的交互水平较低。另外，同步教学要求学生学习时间与教学同步，而参与远程学习的学习者群体大、地域范围分布广，结构复杂，很难在一个时间集中在一个地点进行学习。

3. 异步式讲授教学

异步式讲授指教师和学生不仅在空间上分离，在时间上也是分离的，即教师在讲授的时候，远端不一定有学生在听，而学生可能是在教师讲完后，在其合适的时间里去学习。教师将教学要求、教学内容及教学评测等教学材料上传到专门的学习网站上，学生通过浏览这些页面来达到学习的目的。当学生遇到疑难问题时，可以通过 BBS 或电子邮件的方式与教师或其他学习者进行交流。

这种模式的特点在于教学活动可以全天 24 小时进行，每个学生都可以根据自己的实际情况确定学习的时间、内容和进度，可随时在网上下载学习内容或向教师请教；其主要缺点是缺乏实时的交互性，对学生的学习自觉性和主动性要求较高。这种教学模式要取得比较好的教学效果，必须要有一套能充分体现学习者特点，并适合网上信息表达与传输的图、文、声并茂的优秀电子教材；要为学生提供与该课程紧密配合的大量信息资料（最好能建立一个虚拟的图书馆）。此外，还要建立一个专门负责解答学生疑难问题，并能对学生进行形成性评价的应答与评测反馈系统。

（二）五星教学基本原理

五星教学模式（5-Star Instructional Model），又称“五星教学原理”，是由美国著名教学技术与设计理论家梅里尔（M.David Merrill）博士于 20 世纪初提出来的。这一模式的本意在于从多种教学理论中概括出共同的成分，探究其一致性，它为寻找优质高效的教学提供了一种选择。在“面向完整任务”（聚焦解决问题）的教学宗旨下，梅里尔认为教学应该由不断重复的四阶段循环圈——“激活旧知”“示证新知”“尝试应用”“融会贯通”构成，共有五个原理（阶段）。具体的教学任务（教事实、概念、程序或原理等）应被置于循序渐进的实际问题情境中来完成，即先向学习者呈现问题，然后针对各项具体任务展开教学，再展示如何将学到的具体知识运用到解决问题或完成整体任务中去。只有达到这样的要求，才是符合学习者心理发展要求的优质高效的教学。

五星教学模式主要包括聚焦解决问题、激活原有知识、展示论证新知、尝试应用练习以及融会贯通掌握等过程性要素。

① 聚焦解决问题。当教学内容在联系现实世界问题的情境中（problem-centered）加以呈现，学习者介入解决生活实际问题时，才能够促进学习。

② 激活原有知识。当教学中激活（activation）了相关的旧经验时，才能促进学习。

③ 展示论证新知。当教学中展示论证（demonstration or show me）了要学习的东西而不是仅仅告知相关的信息时，才能够促进学习。

④ 尝试应用练习。当教学中要求学习者尝试应用（application or let me）刚刚理解的知识或技能解决问题时，才能够促进学习。

⑤ 融会贯通掌握。当教学中学习者受到鼓励将新知识技能融会贯通（inlegration）或迁移到日常生活中去时，才能够促进学习。

在实施五星教学模式时，应该同时考虑指引方向、激发动机、协同合作和多向互动等。

① 指引方向（navigation）。让学习者知道他们将要到哪里去；让学习者了解学习内容是如何加以组织的；让学习者在学习程序和时空协调上能够进出自如、通达顺畅；让学习者能够有自我更改错误的机会。

② 动机激发（motivation）。创建有针对性、可达成的和富有吸引力的学习环境；在学习中让学生承担一定的风险和挑战性，有公开交流和表现所学东西的机会；在一个有真实场景和真实用途的学习环境中学习；对学习内容做个性化处理，能够适应个人的特点；完成一个完整学习任务而不是零碎片段地学习或行动；不是简单地告知学习者对错与否，而是重在学习所得的内在反馈与激励；不是匆忙地做出结论，最好是适时延迟判断。

③ 协同合作（collaboration）。安排学习者在 2~3 人的异质小组中分工合作、取长补短，完成共同的任务。

④ 多向互动（interaction）。解决实际问题或完成整体任务。互动一定要体现出情境→挑战→活动→反馈的程序，也就是说，互动绝不是图热闹，一定要落在学习实效上。

（三）案例教学模式

1. 案例教学的含义

案例教学法（Case Methods of Teaching）从广义上可界定为通过对一个具体教育情境的描述，引导学生对这些特殊情境进行讨论的一种教学方法。它最突出的一个特征就是教学案例的运用，这也是案例教学区别于其他方法的关键所在。

基于案例的教学模式首先需要提供一个具体的学习案例，学习者通过对案例的分析、思考和推论过程来获得学习启示，再通过相互之间的讨论、交流和表达，来提高各自对事物的看法和理解，从而获得问题解决能力的提升。案例教学法是一种基于真实情境的教学模式，其着眼点在于培养学生解决实际问题的能力和创造能力，而不仅是获得那些固定的知识、原理或规则。

案例教学法的优势在于能够缩短教学情境与实际生活情境的差距，提高针对实际情境解决问题的能力；案例为学生提供了知识所依托的情境，有利于激发学习者的内在认知动机；对案例的分析、讨论，能够使学习者多角度、深层次地观察和分析事物，增强其批判性思维能力。但案例教学法也有其局限性，如案例的形成过程往往花费时间较长、案例教学对教师和学生的要求相对较高等。

2. 基于案例的教学过程

基于案例的教学过程主要包括案例教学准备、组织讨论、总结评价等步骤。

（1）案例教学准备。

① 进行理论备课，这是搞好案例教学的首要前提。

② 精选案例。根据教学目的和内容、学生的知识和经验积累情况来选择案例，并适当考虑案例的典型性、代表性以及教学手段、设备等相关条件。

③ 熟悉和研究案例。教师应熟悉案例，正确把握案例性质并设计讨论方案。

④ 向学生布置案例并交代要求。学生的准备工作包括阅读教材和参考书，了解相关理论；熟悉案例，拟写讨论提纲等内容。

（2）组织讨论。

在教师指导下，以班级或小组为基础，组织学生对案例进行分析、研究、辩论，去发现问题和解决问题。学生的讨论发言可以不拘一格，不强求答案统一，但教师必须把握住讨论的进程并予以指导。教师尤其应注意启发学生讨论或辩论，及时将偏离主题的讨论引入正题，对问题进行概括、指点迷津，让每位学生都有发言的机会。

（3）总结和评价。

对讨论进行小结，指出各种观点之分歧并予以评价；对讨论中的重点和难点进行补充或提高性阐述；表述教师本人对案例的看法；由该案例引出掌握相关理论的现实意义，激发学生的学习热情；系统介绍相关理论，实现知识的迁移。

四、学生主导的信息化学习模式

（一）基于问题的学习

1. 定义及特征

基于问题的学习（problem-based learning，PBL）是把教学、学习置于复杂的、有意义的问题情境中，通过让学生以小组合作的形式共同解决复杂的、实际的（real-world）或真实的（authentic）问题来学习隐含于问题背后的科学知识，发展解决问题能力的一种教学 / 学习模式。其旨在通过引导学生解决复杂的、实际生活中的问题，使学习者建构宽广而灵活的知识基础，从而培养和激发学生的内部学习动机，发展有效的问题解决能力、合作能力、自主学习和终身学习能力。基于问题学习模式的特征与优势如表 3-2 所示。

表 3–2 基于问题学习模式的特征与优势

特征	优势
① 是一种以学生为中心的教学方法 ② 以问题为中心组织教学并作为学习的驱动力 ③ 问题是真实的、劣构的，是发展学生解决实际问题能力的手段 ④ 以学生小组为单位的学习形式 ⑤ 真实的 / 基于绩效的评价，重过程轻结果 ⑥ 教师是辅导者、引导者	① 强调意义而不是事实 ② 通过问题解决过程，增强学生自主学习能力 ③ 问题驱动引发比传统更深入的理解和更高能力的发展 ④ 小组学习形式促进人际交往能力 / 团队合作能力的提高 ⑤ 师生间的关系更融洽 ⑥ 发展运用知识、解决问题的能力，提高整体学习水平

2. 基本操作步骤

PBL 学习模式主要在于通过提出和解决问题的过程来实现学生对知识经验的建构。通常情况下，基于问题的学习模式一般包括五个教学环节。

（1）创设情境，提出问题。

问题是“基于问题式学习”的起点和焦点，应根据教学目标和教学内容设计结构不良的、开放的、真实的问题情境，如真实的事件、真实的现象等，尽量引出与所学内容相关的概念、原理等。问题情境的设置常常使学生处于“心求通而不解”的状态，在强烈的求知欲的驱使下，他们的探究热情高涨，必然会取得良好的教学效果。

（2）分析问题，提出假设。

学生进入实质性探究的开始，在整个问题解决中起着至关重要的作用。它能为收集、分析和解释信息提供一个大致的框架，能为后面的制订计划、验证假设提供必要的基础。能否提出假设或判断假设的正确与否，直接影响着整个问题解决过程的成败。在此阶段，教师要采用多种手段引导学生形成正确、合理的假设。另外，教师还要组织小组学习，让学生进行合作、交流和讨论，强化学生对假设合理性的探讨。

（3）讨论交流，解决问题。

解决问题并不是唯一的目的，它只是一个过程，学生将通过问题的解决获得新的知识，也更进一步学会如何分析问题和解决问题。此时，教师需做好引导者，促进学生进行探究和思考，发现学生在解决问题时的困难和障碍，并及时给予学生引导、分析、建议和帮助。

（4）反思评价，达成共识。

在问题解决中进行反思，教师要有意识地培养学生对他们要解决的问题的知识和方法进行反思和归纳，引导他们思考现在的问题与以前解决的问题之间是否有联系，与其他的问题有什么相似和不同之处，采用的方法是否恰当、有没有更好的方法等。这种反思有助于学生概括并懂得何时可以应用这种新知识和方法，使学校教育与社会需要的差距缩小，使学生灵活掌握知识，实现有意义的学习。更重要的是通过评价自己的成果，反思自我引导学习和合作解决问题的有效性，有利于发展学生高层次思维能力。

（5）归纳总结，拓展创新。

得出结论并不是问题的终结，也不是“基于问题式学习”的结束，还需让学生运用所学的知识和结论去联系实际，把这个问题推广到一个新的高度，从而提高学生解决问题和分析问题的能力，激发学生的兴趣，以助于后续的学习。

3. 问题设计

所谓问题设计，是指围绕学科基本概念而进行的学习任务设计，它通常是通过问题的形式来重新组织课程内容，给学习者创设一种真实的、复杂的、具有挑战性和吸引力的学习任务。PBL 学习模式中的问题设计是影响有效实施 PBL 学习模式的重要机制。对问题设计来说最重要的是区分“基本问题”和“单元问题”。

（1）基本问题是指学科中处于核心位置的基本概念，是指向学科核心思想和深层次理解的、能够揭示学科内涵的丰富性和复杂性的问题。其特点是指向学科的核心，在某一学科领域中的基本概念、规律和原理，包含其他重要的问题，如“人类的历史是一个进步的历史吗？”“有机体是怎样适应周围环境而生存下来的？”等等。

（2）单元问题是指引导学习者探索基本问题的、比较具体和容易理解与操作的问题。它以单元教学 / 学习主题开展活动，没有明显的“正确”答案，能激发学生的学习兴趣和思考。如与上面的基本问题相对应，如“同 50 年前相比，现在的教育公平性是提高了还是退步了？”“两栖类和爬行类动物是怎样适应环境而生存的？”等等。

另外，对 PBL 学习模式中的问题设计时还要注意以下五点。

（1）问题必须能将学习者置于复杂的、实际的问题情境中。

（2）选题应力求体现时代性，贴近学生生活实际，能激发学生兴趣，给学生思考和研究活动留下较大的空间。

（3）问题应以课程目标为基础，保证问题有一定难度、深度，并确保问题的复杂程度与真实生活问题相当。

（4）设计的问题要允许教师采用不同的教学风格，同时允许学生运用不同的学习风格来解决。

（5）问题所涉及的知识领域是劣构领域，没有确定性法则，不能简单套用已有的解决方法。

总之，对具体教学设计来说，问题设计的思路是基本问题着眼、单元问题着手。每个单元问题设计要体现基本问题的思想精髓，也要考虑渐进的或操作的学习活动方式。同时，好的问题应该是有挑战性的、可行的和有趣的，并能促进学习者运用、发展高级思维能力的学习任务。

（二）基于资源的学习

1. 定义和特征

基于资源的学习是指在信息化教学环境中学生利用多种媒体资源，主要依靠自主探索来实现学习目标的教学活动。在这种学习模式中，学生的学习是一种积极主动的活动，教师给学生提出问题或探索主题，学生借助各种学习资源，利用广泛的学习材料进行自主性的探究学习。

灵活性和自主性是这种学习模式的基本特征。针对同一问题，学习者可以根据自己的学习风格、兴趣爱好、能力水平进行灵活的调节，选择自己认为有价值的材料，选择自己喜欢的研究方式来研究解决实际问题。因此，基于资源的学习模式可以适用于不同的学习风格和学科领域。另外，在基于资源的学习过程中，学生自己利用资源并结合自身经验来探究学习问题，因此，它也有利于培养学生自主学习的能力。

2. 操作步骤

基于资源的学习模式一般由教师提出学习问题或疑难情境，学生对问题或情境进行分析，然后围绕问题收集信息，尝试解决问题并形成答案。学习过程的关键是要让学生懂得分析问题和获取信息的方法。教师应对问题或任务做出明确界定，以便学生开展自主学习、探索和交流。

基于资源的学习模式一般包括以下操作步骤。

（1）选择确定恰当的学习主题。教师应帮助学生选择恰当的学习主题。问题、事件或情境要有意义，并且具有一定的挑战性，以利于激发学习者的求知欲望和探索精神；问题应能够与学生已有知识和经验联系起来，以便让他们能根据已有的知识基础，经过自主探索并利用获得的资源解决问题。

（2）确定信息搜寻的具体目标。让学生明确学习结束后应该达到怎样的目标，要接受怎样的评价，了解信息搜寻方法、需要的信息工具、可能经历的过程及所需的大致时间等。

（3）实施搜寻信息资源策略。如果是网络资源，教师应帮助和引导学生确定正确的网络节点，以减少学习者搜寻网络信息的盲目性，节省学习时间，必要时给学生提供导航策略，以免学习者迷航。

（4）实施信息收集过程。教师应解释信息搜寻的原则，使学生明确怎样用相关信息解决问题、怎样记录和保存原始信息，并逐渐形成一个可能的答案或有意义的解释。信息收集活动可以按全班、小组或个人等形式进行，收集活动实施前一定要确保学生理解所需信息及收集方法和途径等。

（5）评估、组织信息材料。学习者应整理所收集的与主题相关的信息，并确定这些信息的适用性，删除不当信息，再对所有信息进行评估，按一定的逻辑方法或结构形式加以组织。

（6）形成答案并能合理地解释。学习者对所搜寻和整理的信息进行分析、概括、总结，最终形成一个完整的答案，并能合理地解释，对所探究的问题做出清楚、圆满的论证。

（7）反思过程，评价结果。师生一起讨论、交流，反思整个学习过程，分析在学习过程中运用和发展了哪些信息能力。对学习过程和学习结果做出恰当的评价，可以使学生增强自信，明确进一步努力的方向以及今后应注意的问题等。

（三）研究性学习

1. 研究性学习的基本概念

研究性学习也称综合学习或专题学习，它是20世纪90年代以来国际教育界普遍推崇并力行实践的一种新型教学模式。它通常是指学生在教师的指导下，遵循科学研究方法，并依据学科课程或直接从自然现象、社会现象和现实生活中选择、确定研究主题，进行主动探究、获取知识，并应用知识来解决问题的学习活动。从某种意义上说，研究性学习与“探究式学习”基本同义，都属于教学方法论的范畴，因此，它适用于学生对所有学科知识的学习。

2. 研究性学习的实施步骤

一般来说，研究性学习过程可分为确立研究主题、制订研究计划、开展研究活动、总结研究成果等阶段。研究过程中这些阶段并非截然分开，而是经常重叠、交叉和相互推进。

（1）确立研究主题。

这一阶段，教师可以开设专题讲座或组织相应的考察活动，目的在于了解相关知识或问题背景，掌握必要的研究方法与技能，激发学生的研究兴趣和动机，并提供大致的选题范围或研究方向。选题应尽量与学生生活密切关联，范围不宜过大或过于宽泛，切入口应适当并能体现地方特点。围绕选题范围，师生合作或由学生自己提出问题，以确定研究性学习主题。在确定研究主题的过程中，教师应为学生提供必要的指导，包括提供实验条件、联系社区资源、聘请辅导教师等。

（2）制订研究计划。

研究题目一经确定，根据课题要求，学生就可以在教师指导下制订研究计划（或设计方案）。研究计划书（或设计方案）一般应包含课题题目、研究目的、研究方法、任务分工、时间安排、成果形式等。这是保证课题能高质量按时完成的一个重要环节。

（3）实施研究活动。

这是研究性学习的问题解决阶段，它具体包括收集和分析信息资料、开展调查研究或设计实践、交流调研结果或设计成果等。

① 收集、分析信息资料。学生应了解和掌握信息资料收集的方法，包括实地访谈，网络查询，使用图书馆、资料室或问卷调查等方式；要学会识别信息资料的真伪、优劣，判断信息资料的应用价值；学会有逻辑、有条理地整理信息，发现其中的关联、趋势和问题，并通过归纳、综合与判断得出相应的结论。

② 调查研究或设计。根据自己或小组集体设计的研究方案，按照确定的研究方法，选择合适的范围进行调查并获取结果，或根据设计方案进行新产品的设计与开发制作等。学生应如实记录调研或设计过程中获得的信息或经验，并形成文字、音像等不同

形式的记录“作品”，同时要学会归纳问题解决的方法和程序，并不断反思是否获得充足的证据，是否存在其他解决办法，或是否有更佳的设计方案等。

③ 初期成果的讨论、交流。学生的初步研究成果应在小组或同伴之间充分交流，以便经过相互讨论与探讨，逐步丰富或完善个人或小组研究成果。在这一阶段，学生应学会正确认识和分析事物，认真对待他人意见和协作建议，正确地认识和评价自我，培养科学精神与求实态度；教师应指导学生写作研究日记、及时记载研究情况、真实记录个人体验，为以后的教学总结和评价提供依据。

（4）总结研究成果。

研究性学习的最后阶段，学生要将取得的成果进行归纳整理或总结提炼，形成书面材料或电子报告。成果表达方式提倡多样化，除了按要求撰写实验报告、调查报告外，还可以采取辩论会、研讨会、展览板、多媒体电子刊物、专题网站等方式。同时，还应要求学生以口头报告的方式在班级内进行交流，或通过指导教师主持的论文答辩或设计鉴定等。在成果交流与研讨中，学生要学会理解和宽容，学会客观分析和辩证思考，同时也要学会为自己据理力争和据实申辩。

3. 研究性学习课题的选择与确定

研究性学习中课题的选择和确定环节实际上是一个初步明确研究方向、研究目的、研究内容、研究方法和步骤的过程，它直接关系着学生学习积极性、创造性的培养，研究成效的高低，甚至关系着某项研究性学习课题的成败。因此，重视和加强对研究性学习的选题指导，有利于促进研究性学习课程的顺利实施，有利于提高研究性学习的成效。可按以下方法生成研究性学习的课题。

① 纵向递进，是对一个比较宽泛的问题，从纵深方向进行递进分解，构成“问题树”，从中选择适合自己研究的子问题作为研究课题。

② 横向拓展，是把自己发现的问题或现象进行横向扩大和拓展，使其成为一个值得研究的课题。

③ 边缘搜索，是在学科研究的边缘地带寻找和确立研究课题。在学科研究中，“边缘地带”往往是在学科研究之间的交叉处、结合部或连接点。大量的科学研究事实表明“边缘地带”生成研究课题有利于新理论、新知识的产生。

④ 热点探讨，是指在某段时间、某个领域急需解决的人们热衷讨论的问题。围绕热点来生成和选择研究课题，更容易引起众人的关注，使研究成果更快取得社会效益和学术效益。但热点问题时效性太强、转换太快，因此，参与热点问题的探讨必须先选好研究的角度和切入口，注意突出个性、减少共性。

⑤ 查漏补缺，是指阅读有关教育研究文献时，以“吹毛求疵”的治学态度寻找别人在研究中的空缺、遗漏及不足，并以此作为研究课题付诸研究。

⑥ 学科移植，是借用其他学科的成果、原理、方法、技术，来解决本学科中的问

题。研究性学习课题的生成是一个创造性思维的过程，需要学生在日常的学习、工作中多观察，多思考，多看相关的专业文献，多积累实践资料，不要贪大求全、好高骛远，而应结合自己的学习和生活实际，生成和选择适宜的研究课题。

第四章　在线课程与自主学习

第一节　在线课程的内涵与功能

网络教育通常以在线课程为依托。在线课程具有跨越时空的开放性，在一定程度上可以使学习者不再局限于课堂这一特定的空间，可以随时随地进行学习。在线课程的资源更为丰富，它是多点对多点的交互，更强调协作学习，师生之间可以通过多种交互手段来进行交流，并通过网络组成一个学习信息网，大大提高信息的利用率。

一、在线课程的内涵

（一）在线课程

课程是指为了达到一定教学目标所需的全部教学内容与教学活动和学习评价。其中，教学内容主要是指教材（文字教材或电子教材）和相关的教学资源；教学活动包括讲课、自学、协商、讨论、实验、辅导、答疑、作业、考试等。在线课程是通过互联网实现课程功能的。金伯格认为在线课程可以分为三代：第一代通过网页给学习者提供教学材料和有关资料，以及与其他有关教育网连接；第二代除了在网上提供学习材料，还要求学习者通过电子邮件、电子公告栏、网上练习和测量进行异步双向交流；第三代是指除了第一代、第二代，还要求通过网上交谈室、电话会议、视频会议或MUDs（Moos）系统进行同步双向交流。

《现代远程教育技术标准体系和11项试用标准简介v1.0版》指出，在线课程是“通过网络表现的某门学科的教学内容及实施的教学活动的总和，它包括两个组成部分：按一定的教学目标、教学策略组织起来的教学内容和网络教学支撑环境”。其中，网络教学支撑环境特指支持网络教学的软件工具、教学资源及在网络教学平台上实施的教学活动。这是我国教育工作者根据我国的实际情况，对多年实践的高度总结，它也正在指导着我国在线课程开发的实践。

首先，在线课程的属性是“课程”，包含“课程”的一切特征，如教学目标、教学内容、教学活动、教学评价等。其次，在线课程要体现“网络”的属性。在线课程是以互联网作为传播的媒介，通过计算机呈现。因此，计算机多媒体技术应该是在线课程的重要特性，也应充分地体现常用的网络链接、导航、搜索等功能，并充分利用互联网海量的资源，这样才可以体现出在线课程的优势。最后，在线课程应该体现网络教学的特征。网络教学的特征是非面授教育，教与学的双方在时空上是分离的。因此，相应的教学理念、课程的教学设计也必须发生相应的变化。

（二）在线课程与网络课件的区别

课件是指专门为进行教学活动而设计的计算机软件，包括用于控制和进行教育活动的程序、帮助开发维护程序的文档资料，以及帮助教师和学习者使用程序学习的课本和练习册等。网络课件，就是应用于网络环境的课件，是在线课程中按照一定的教学目标、教学策略组织起来的教学内容。

课程与课件的出发点不同，课程是从社会需求出发，课件是从教学活动出发，但它们的教育目标是一致的，都是使学习者的认知结构发生一定的改变。课件把课程中所规定的教学内容、教学活动用软件的方式表现出来，但缺失了很多课程的内涵，如社会需求分析、课程规划等，而这些缺失在教学中不能显现出来。因此，造成了这两种概念的混淆，有些网校或网络学院就把某些章节、某些知识点的材料作为在线课程。在线课程是一系列完整的教学内容的网络化，不仅是把内容从课本搬到网络上，更重要的是借助网络的载体作用，增强学生的自主学习，使学生由被动接受到主动探索。

二、在线课程的特征

在线课程应充分发挥网络教学的优势，使其学习过程具有开放性、交互性、共享性、协作性和自主性等基本特征。

（一）开放性

在线课程的开放性包括两层含义：教学内容的开放和对所有学习者的开放。首先，在线课程的开放性使教师可以随时更新教学内容和教学信息，也使学习者可以对课程的教学内容和教学资源进行重组和改造。其次，在线课程为学习者提供开放的学习环境，任何人都可以根据自身需要登录课程网站进行学习。

（二）交互性

交互性是指在线课程不仅要有人机交互，更重要的是教师与学生、学生与学生之间要通过网络实现人与人之间教与学的交互。在传统课堂上师生之间、生生之间的交流大多是面对面的，而在线课程是借助网络这种虚拟空间实施教学，教师和学生无法实现面对面的交流，因此，在线课程必须提供多种交互工具，如聊天室、电子白板等同步交流工具和留言簿、论坛等异步交流工具。

（三）共享性

在线课程具有信息资源共享的特点，通过拥有海量资源的互联网，可以将链接扩展到整个互联网上与课程相关的资源，实现全球性的资源共享，使学习者能够最大限度地、全方位地获取所需的信息资源。

（四）协作性

网络实现了时空的跨越。在线课程中，学习者可以不受时空的限制，相互之间能够利用多种工具进行交流研讨、协同创作，教师、学生通过讨论、合作、竞争等形式完成一个确定的学习任务。

（五）自主性

在线课程的教学是以学生自主学习为主，教师为学生提供教学内容及丰富的学习资源，学生在教师的有效监控指导下开展自主学习。学生在学习过程中具有较大的选择性和自由度，充分体现了学习的个性化特征，而教师则可以通过在线课程中的跟踪系统随时了解学生的学习情况，从而对其做出动态、客观的评价。

三、在线课程的类型

（一）从表现形式上划分

目前，从表现形式上划分，在线课程可以分为多媒体在线课程、流媒体在线课程和综合型在线课程三种基本类型。

多媒体在线课程是运用计算机多媒体技术表现出课程内容的课程形式，一般包含文本、图像、图形、动画、较少的视频和音频等多种媒体信息。其中，文本、图片、动画作为课程内容的主要媒体表现方式，视频和音频由于信息量太大而不会被大量使用。

流媒体在线课程是基于流技术，即利用视频和音频技术表现课程内容的课程形式。基于流技术开发的在线课程解决了视频、音频教学内容的网络传输问题，为开展网上学习提供了技术支持。

综合型在线课程是利用各种形式来表现课程内容的课程形式，是多媒体在线课程和流媒体在线课程的整合。

（二）从实现方式上划分

在线课程应用在不同的网络教育领域中所对应的类型也不同，从实现方式上划分，在线课程可以分为自主型、导引型和讨论型三种基本类型。

自主型在线课程是指学习者主要通过自主学习的方式学习课程内容的课程形式。在这种在线课程中，教师的任务就是将制作的课程内容、相关资源上传到服务器，而很少参与学生的学习过程；学生通过在线课程进行自主学习，无法在课程中与教师、同学进行交流，课程的功能较为简单。

导引型在线课程是指学习者在教师或相关教育管理人员的引领下学习课程内容的课程形式。在这类课程中，教师的作用较为重要，教师给学生提供学习指南，适时地指导学生，一步步引导学生学习课程的内容。

讨论型在线课程是指学习者通过与教师、网络学习领域里的相关专业人员，以及其他学习者之间讨论学习内容的课程形式。该类课程的开展是以小组协作为基础的，教师在学生学习过程中设置一些任务，然后分小组进行协作探究，并在教师参与下展开讨论，最终完成任务。讨论型在线课程强调学习的协作性、成员的参与性，为此，在线课程要提供多种交互手段，包括同步交流工具，如聊天室、电子白板等；异步交流工具，如论坛、Wiki、Blog 等。

四、在线课程的功能结构

在线课程的结构从用户角度可以分为教师模块和学生模块，由于教师模块和学生模块有重复的内容，这里按功能将在线课程划分为六个模块。

（一）课程内容模块

课程内容模块是在线课程的核心组成部分，主要是课程教学内容及与之相关的一些辅助信息，学习者通过浏览进行自主学习，包括课程信息和课程资源等组成部分。

1. 课程信息

课程信息是课程的一些说明性信息，具体包括该门课程的简介、说明信息、教学大纲，各教学单元的教学目标和要求、学习任务。学习者通过该模块了解课程的基本情况和要求，为后面的学习做好准备。

2. 课程资源

课程资源是在线课程的主要部分，包括课程的教学内容及相关知识、在线讲义、教学课件、学习资料、资源链接等。学习者通过与课程资源的交互来获取知识、建构自己的知识体系。

（二）学习支持模块

学习支持模块为学生学习提供足够的支持，包括个人记事本、FAQ 问答库、术语词典、案例库（学生优秀作品的集合）、素材库、文献库、搜索引擎等。

1. 个人记事本

个人记事本就相当于学生的笔记本，当学生在学习过程中遇到问题或需要标注的地方时，可以随时打开记事本记录问题，系统会自动将问题保存到数据库中。日后，学生可以打开记事本，浏览或查询自己做过的“笔记”。

2. FAQ 问答库

在设计在线课程时，可以将常见的疑难问题及其答案存放到数据库中，为学生学习提供支持服务。当学生在学习过程中遇到问题时，首先可以查询 FAQ 问答库，问答库支持精确查询和模糊查询。如果在库中检索到该问题或与该问题相关，则会将答案呈现给学生；如果没有检索到该问题，则系统为其提供第二种问题解决策略，就是通过学习交互工具向教师或同伴求助。

3. 术语词典

术语词典提供该门课程及相关的名词术语查询功能。学生在学习课程内容的过程中，可能会遇到一些陌生的、不理解的名词、术语，在制作课程时可以将这些名词术语存储在数据库中，设计一个查询系统供学生查询。

4. 案例库

案例库中存放课程的经典案例，使学生能够通过案例学习更深入地掌握、巩固所学知识。而且，可以将学生的优秀作品放入其中，让学生看到自己和其他同伴之间的差距，从而激励自己更加努力学习。

5. 素材库

在线课程中的素材库收录和该门课程相关的素材，包括文本（文章）、图片、动画、声音、视频等类型，可以拓展学生的思维，或为学生创作提供素材。

6. 文献库

文献资料是指有关教育方面的政策、法规、条例、规章制度，对重大事件的记录、重要文章等。文献库中的文献资料是国家机关发布的相关文件，或具有广泛影响的文章，或重大事件的记录。

7. 搜索引擎

网络时代，网络检索是学生必须要掌握的一种学习策略。搜索引擎是一个非常重要的认知工具，它能帮助学生快速找到自己所需的信息资源。在线课程一般提供两种搜索引擎：内部搜索引擎和外部搜索引擎。内部搜索引擎能够让学生快速检索课程系统内的信息资源；外部搜索引擎是在在线课程中加入常见搜索引擎的链接，如Google、百度等，学生可以通过课程中的引擎链接检索外部信息。

（三）学习交流模块

学习交流模块是学习者通过与他人的交流和协作来获取知识、建构意义的模块，主要包括主题讨论区、同步交流区、邮件列表、问卷系统等。

1. 主题讨论区

主题讨论区提供一个异步的交流空间，可以通过论坛BBS、留言板两种工具实现。讨论的主题可以由教师设定，也可以由学生自己发起讨论。任何学习者都可以发帖创建自己的讨论主题，也可以采用跟帖的方式对别人的主题发表自己的看法，是一个自由开放的交流环境。当然，教师需要时刻关注并积极参与学生的讨论，而且要把握讨论的方向，确保不让学生的讨论偏离主题。

2. 同步交流区

同步交流区为学习者提供一个实时的交流平台，其实现形式有聊天室和共享白板。聊天室有基于文本交谈的文本聊天室、基于音频交互的语音聊天室、基于视频交互的视频聊天室和混合聊天室四种类型。在聊天室中，学生可以和在线专家、教师、学伴同步交流讨论。

文本聊天室与一般的文本聊天客户端程序有相同的功能，包括私人交谈和公众交谈两种方式。在私人交谈模式下，教师可以选定一个在同一交流环境中的学生进行文本交流，也可以是一个学生与同环境中的另一个学生进行私人交谈。在公众交谈模式下，一个教师或学生输入的文本信息可以被同一交流环境中的其他学生和教师共享。

语音聊天室是异地师生之间一种有效的交流方式。为了达到理想的网上教学效果，在在线课程教学环境中设计支持同步实时语音的功能是十分必要的。如同在传统教室中一样，教师可以用语音授课，教师的语音数据会广播到同一交流环境中的其他学生端。教师可以赋予特定学生发言的权利，获得许可的学生也可以在交流环境中利用语音进行提问、回答或相互讨论。

视频聊天室能够让师生看到各自的视频图像，增加师生教学过程的生动性。教师可以任意选择特定的学生端视频，也可以同时看到多个学生端的视频图像。学生端可以选择观看教师端视频。为了减少网络的流量消耗，视频聊天室应为一个可选项。共享白板是在 Internet 环境中为教师和学生提供文本以及图形共享的区域。教师可以将一张图片贴入共享白板中，并利用系统提供的特定画图工具和文本输入工具，在所贴的图片上进行标记、说明。教师端白板中的图形和文字可以通过 Internet 同步传递到交流环境中的其他学生端白板中。学生可以同步查看教师在白板中的板书内容。

3. 邮件列表

邮件列表提供所有教师、学生的 E-mail 地址。师生之间可以通过 E-mail 进行沟通交流。

4. 问卷系统

在学生学习过程中，教师要经常了解学生的学习情况，这通过问卷系统就可以实现。问卷系统提供问卷设计功能、问卷提交功能和问卷统计分析功能。一个学习阶段结束后，教师在系统中设定要调查的问题及其选项，让学生在一定时间内完成问卷，最终系统可以为教师呈现一个全面、清晰的统计分析结果。

（四）学习评价模块

学习评价是指评价者参照一定的标准、运用合理的方法对学习者的学习过程和结果做出定性和定量的评定，以及在此基础上对学习者形成价值判断的过程，包括过程评价和结果评价。过程评价根据学生在 BBS 的发帖数量、质量，聊天室中参与讨论的次数及作业完成情况等来进行，结果评价可以通过在线测试或最终作品来完成。

在线课程中的学习评价模块具体包括三种。

1. 作业与评价

作业与评价模块提供作业功能、作业批改功能。当教师通过系统管理模块设定作业后，学生可以通过作业模块在线完成作业或提交作业，教师可以在线批阅学生的作业。

2. 考试与评价

考试与评价模块提供练习、考试、评分功能。当学生完成一个单元的学习后，可以进行自测练习，教师可以从题库中抽取题目组成试卷实施考试；当学生答完试题，提交答案后，系统可以自动完成客观题的判分，并即时将结果反馈给学生。如果有主观题，可以由教师在线批阅后给出分数，学生再进行查询。

3. 学习记录

在线课程教学主要以学生的自主学习为主，而自主学习并非是学生“自己”进行的学习，它是在教师提供的丰富的教学内容及相关资源中进行的，并在教师的有效监控、指导下开展的教学。学习记录为教师把握学生的学习情况提供了有效的支持。在线课程系统可以随时记录学生的学习信息，如学生的在线时间、浏览的内容、完成的作业、发布的主题、参与讨论的次数及质量等，教师可以根据这些信息对每一个学生的学习做出客观、动态的评价。

（五）系统管理模块

① 学生管理。利用电子学档对学生的身份信息、活动记录、作业、评价信息等进行管理。

② 课程管理。课程的教学进度安排、教学活动管理。

③ 作业管理。教师发布作业题目，修改、删除作业题目等。

④ 试题管理。试题管理包括试题类型的管理、试题的录入与修改等。

⑤ 资源管理。对课程系统中的各种资源进行发布、维护管理。

⑥ 公告管理。教师通过公告系统发布通知、公告及对公告信息的修改、删除等。

（六）系统导航模块

系统导航是在线课程中非常重要的一个组成部分。导航能为网状知识结构中的学习者提供及时有效的引导，它是一种避免学生偏离教学目标，引导学生进行有效的学习，提高学习效率的策略。导航的具体作用体现在：让学习者了解当前学习内容在学习过程中、在课程的知识结构体系中所处的位置；让学习者能根据学习过的知识、走过的路径，确定下一步的前进方向和路径；让学习者在使用在线课程遇到困难时，能寻求到解决困难的方法，找到达到学习目标的最佳学习路径；让学习者能快速而简捷地找到所需的信息，并以最佳的路径找到这些信息；让学习者能清楚地了解教学内容的结构概况，产生整体性结构。

系统导航模块包括在线课程的学习指南、使用方法指导、系统导航图、在线帮助等。

第二节　在线课程的设计开发

在线课程的设计与开发是一项系统性工程，需要很多人参与，包括一线教师、相关学科教育教学专家、教育技术专家、艺术设计人员、系统开发人员等。在线课程主要是利用院校的校园网和多媒体教室，以互联网为载体，通过教学网站、BBS 讨论板、留言板、E-mail 等网络信息传播手段，形成一个具有丰富教学资源与完善网络教学支持服务的体系。

一、在线课程设计开发的原则

在线课程设计应体现以下教学策略：突破简单的演示型模式，体现知识的意义建构过程；重视问题与回答方式的设计，提高学生的主体参与度；加强对学生的引导和帮助，促进学生对知识的意义建构；提供丰富的多媒体资源，创设有意义的学习情境；实现软件的超链接结构，启发学生的联想思维。

（一）科学性原则

由于学生学习在线课程是以自主探究性学习为主，因此，要求在线课程所表达的知识要具有科学性，措辞要准确，行文要流畅，符合知识的内在逻辑体系和学生的认知结构。注意分析教学目标和教学内容的结构，设计符合学生认知心理的知识表现形式和能够促进知识建构的策略。教学设计要体现网上学习的特点，不能将在线课程设计成简单的书本搬家。

（二）协作性原则

协作学习有利于高级认知能力及合作精神的培养，而在线课程为网络教学的协作学习提供了理想的环境。为了发挥在线课程的优势，既要提供协作学习的工具还要将课程与它搭载的教学平台实现最佳的链接，实现与在线教师、学习伙伴进行通信交流和共享学习空间。

（三）交互性原则

教学过程中的双向或多向交流与现代学习规律相吻合，能有效地发挥学生学习的主动性和创造性。在线课程要有良好的交互性，能及时对学生的学习活动做出相应的反馈。用户界面要美观，符合学生的视觉心理，要对教案的文字、图表、视频和音频做出合理的布局和设计；设置导航栏目，操作应简单，提示信息要详细、准确和恰当。

（四）艺术性原则

符合审美要求的在线课程能减轻学生的认知负担，促进学生以积极的态度投入学习。在线课程的艺术设计是技术与艺术的整合，内容与形式的统一。在线课程的多媒体元素和界面设计两个方面都应遵循艺术性原则。在线课程内容不再是以线性方式组织的教科书文本，而是以超文本方式组织的多媒体教学内容，创设相关情境，为学生建构知识提供良好的学习环境。

（五）便利性原则

在线课程设计的过程中要充分为学习者考虑，尽量为学习者创造便利的学习条件。例如，结构清晰的导航设计、简单有效的链接，交互界面生动形象，内容上基础知识与拓展知识相结合、层层深入等。

（六）可评价原则

在线课程必须为学习者的学习情况和学习效果提供有效的评价和反馈，通过反馈信息，学习者可以灵活地调整学习进度和学习计划，以进一步改进学习。通过评价，可以培养学生发现问题、解决问题的能力，激发学习者的学习积极性。

二、在线课程设计开发的流程

完整的在线课程设计开发包括学习者分析、教学大纲分析、教学内容分析、总体设计与原型实现、组织课程脚本编写、素材准备工作、网络课件开发、课程资源设计、自主学习活动设计、集成测试与评价十个阶段。

（一）学习者分析

学习者是网络教学活动的中心，对学习者进行特征分析是在线课程教学设计的关键环节。学习者特征分析主要包括对学习者的社会背景，心理、生理发展的特点，学生的学习期望、学习风格以及已有的知识结构等方面的分析。在在线课程的设计活动中，应该相应地对参加该课程学习的学习者开展网络调查，包括对学习风格的测量等，并建立相应的学习者档案。通过对这些数据的分析，掌握不同学习者的学习需要和个性需求，并对不同学习风格的学习者提供相适应的学习建议，从而真正实现“因材施教”。

（二）教学大纲分析

教学大纲是根据学科内容及其体系和教学计划的要求编写的教学指导文件，它以纲要的形式规定了课程的教学目的、任务，知识、技能的范围、深度与体系结构，教学进度和教学法的基本要求。它是编写在线课程的直接依据，也是检查网络教学质量的直接尺度，对网络教学工作具有直接的指导意义，对学生了解整个课程知识体系也有很大帮助。从形式上看，教学大纲的结构一般分为四个部分。

① 说明。主要介绍本课程教学的目的任务和指导思想，提出教学内容选编的原则和依据以及教学内容的重点和教学方法的建议，特别是对教学中困难复杂的部分进行分析，提出建议。

② 文本。大纲文本是对教学的基本内容所作的规定，是大纲的主体部分，反映教学内容的基本结构及其主要的教学形式，它是以学科的科学体系为基础，结合教学法的特点，顺序地排列该门课程。

③ 教学内容的主题、分题和要点。一般以篇、章、节、目等编制成严密的教学体系。在大纲文本中规定着本门课程教学内容的范围和分量、时间分配和教学进度、课程有关篇章的实验、实习或其他作业题目等。

④ 附录。列出编写教材的参考书目、教学环境要求、教学仪器设备、辅助教学手段和说明等。

教学大纲的制订应遵循科学性、思想性、基础性、系统性等原则。

（三）教学内容分析

根据教学大纲，编写教材、配套的练习册、实验手册，尽可能选用已有的优秀教材。教材的内容应具有科学性、系统性和先进性，表达形式应符合国家的有关规范标准，符合本门课程的内在逻辑体系和学生的认知规律。

① 教材、配套的练习册。教材是教学内容的文字描述，要选择切合社会实际需求的、反映本学科最新发展动态的教材，删除那些已经过时的内容，教材不是教学内容的简单堆砌，而是教学内容的有机组合，是一个具有逻辑性、系统性的知识系统；练习册是选定教学内容后，诊断与巩固教学内容的测验试题的集合，是教材的重要组成部分。

② 实验、实验环境与实验手册。实验手册是对实验的说明，一般有实验目标、实验环境、预备知识、实验步骤、实验报告、思考与练习等几大部分。

（四）总体设计与原型实现

该阶段主要是选择一个相对完整的教学单元，设计出该教学单元的网络课件原型，通过原型设计，确定在线课程的总体风格、界面、导航风格、素材的规格以及脚本编写的内容。总体设计是在线课程设计过程中最重要的一环，它是形成网络课件设计总体思路的过程，决定了后续开发的方方面面。原型实现后，应在一定范围内征求意见，尤其是征求最终用户（学生）的意见，并根据征求的意见进行修订，以达到最优化的目的，减少后续开发过程中修订的工作量。

1. 确定内容组织方法

课程内容采用模块化的组织方法，模块的划分应具有相对的独立性，基本以知识点或教学单元为依据。课程内容的组织以有良好导航结构的 Web 页面为主，链接有特色的网络或单机运行的教学课件，课件以知识点教学单元为单位。课程内容应根据具体的知识特点和要求采用文本、声音、图像、动画、视频等多种表现形式。自测部分可根据具体的知识单元设置。

每一个教学单元的内容一般包括：学习目标、教学内容、练习题、章节测试题、参考资源、课时安排、学习进度和学习方法说明等。

2. 细化内容表现方式

① 文字。描述性文字要精练、准确。中文字体尽量用宋体和黑体，字号不宜太小和变化太多，背景颜色应与字体前景颜色协调，以减少在屏幕上阅读的疲劳。

② 画质。要求构图合理、美观，画面清晰、稳定，色彩分明，色调悦目，动画、影像播放流畅，具有真实感。图形图像应有足够的清晰度。

③ 色彩。色彩清晰、明快、简洁，颜色搭配合理，主题与背景在色彩上要有鲜明的对比。

网页色调要与内容相适应，背景颜色应与前景颜色相协调，各页面间不宜变化太大。

④ 构图。屏幕的空间关系安排合理，使画面新颖简洁、主体突出，具有艺术感染力，使教学内容形象地展示在学习者面前。

⑤ 动画。动画的造型要符合教学内容的要求，比喻和夸张要合理，动作应尽量逼

真，动画要尽可能接近事实。

⑥ 视频。由于视频的信息量大，受网络带宽的限制，播放可能会出现停顿现象，应适当减小视频的播放窗口。视频文件要采用流媒体格式。

⑦ 音频。在声音质量上，应要求解说准确无误，通俗生动，流畅清晰；音响时机恰当，效果逼真，配乐紧扣主题，有利于激发感情，增强记忆。

⑧ 内容结构。在同一个页面中不宜同时出现过多的动态区域，网页长度一般不要超过三屏。一门课程的网页应尽量保持统一的风格和操作界面。导航功能、控制功能、操作方法符合常规习惯。课程内容的设计应尽量加入交互方式，激发学生在学习过程中主动参与和积极思考。在疑难的知识点上充分发挥多媒体的功能，展现其内涵，使学生能够深刻体会，从而有利于培养学生获取知识的能力和创新能力。在线课程的每个知识点都应提供相关的参考文献资料链接，以拓展学生的知识面。

3. 设置内容导航方式

在线课程中大量的超媒体链接和丰富的信息组织形式为学习者提供了个性化、自主控制的交互式学习环境，学习资源信息组织的非线性使学习者在学习过程中可以在各页面间自由跳转，但在学习的过程中容易造成“信息迷航”现象，从而影响交互学习的效果。因此，合理利用导航系统是实现高效交互的一个必要手段，它可以为学习者提供学习路径，帮助学习者高效有序地学习，避免在学习中迷失方向。成功的在线课程应该也具有方便良好的导航系统和灵活多样的导航策略。

（1）模块导航。

模块导航是在线课程中常用的导航方式。它是用一些功能性的短语作为标志的超链接，一般把这些短语按顺序放到屏幕上方（通常称为导航条），单击任意短语都能进入该短语链接的模块中。它通常用于整个在线课程的各个页面中，以便实现模块之间的跳转链接。学习者在每个模块中学习时都可以方便地进入其他模块。如在“教学内容”“讨论社区”“在线答疑”“课堂练习”等功能模块之间使用这种导航策略，学习者在学习“教学内容”时遇到问题，可以直接在“讨论社区”模块中参加讨论或求助，也可以在“在线答疑”模块中直接查询。

（2）导航图导航。

导航图导航是一种实用的全局导航策略，它为学习者提供了整体的超媒体结构的网络图。学习者可以在任意时刻浏览导航图，以确定自己当前所在的位置以及下一步的学习计划。这样，不管学习者位于哪个节点，都可以通过导航图方便地确定自己的位置并进入任一节点继续学习。与路径导航策略相比，这种导航使学习者了解所在节点与整体之间的关系。

（3）路径导航。

路径导航也是一种重要的导航方式。与模块导航相比，它不如模块导航直观，但比模块导航灵活。它提供返回上一节点、下一节点等回撤按钮，并能随时用路径形式显示学习者当前所在的位置，而且能记录用户曾访问过的内容的路径，学习者可以根据这一记录查阅或复习以前浏览的内容。路径导航为学习者提供实时的路径，使学习者随时都能知道自己所在的位置。

（4）其他。

书签引导、浏览引导、演示导航、帮助导航等也是比较常用的导航策略。在使用导航的过程中，一般是以模块导航为主，多种导航策略结合起来使用。学习者可以按自己喜欢的方式与学习资源交互，交互的方式更人性化。

（五）组织课程脚本编写

脚本是教学人员与技术开发人员沟通的桥梁。脚本编写要根据计算机的特点，在一定的学习理论指导下，对每个教学单元的内容及其安排以及各单元之间的逻辑关系进行教学设计，并写出相应的设计文本。网络课件的脚本编写要充分考虑原型设计阶段所确定的内容表现、导航、教学设计等课件的总体风格。脚本描述了学生将要在计算机上看到的细节，它在课件设计中占有非常重要的地位，是设计阶段的总结，又是开发和实施阶段的依据。从内容来看，它是网络课件中教学内容和教学方法的载体，而不是课本或教案的简单复制。网络课件的脚本编写与多媒体教学软件脚本编写相同，此处不再介绍。

（六）素材准备工作

1. 素材的准备

根据脚本的设计要求，准备制作课程所需要的素材，包括文字、图片、声音、动画、视频、案例等。通过课件原型的设计和脚本的编写，可明确素材的规格、数量、种类和具体内容，便于进行批量制作，可大大减少开发的时间与成本。

2. 素材的采集和制作

通过扫描仪、声卡和视频采集卡等设备采集所需要的图片、声音和视频。如果没有合适的素材可以通过素材制作软件制作，如图形制作软件 Photoshop、视频制作软件 Premiere 等工具。

3. 素材的整理

制作好素材后，要对素材进行属性标注，纳入在线课程的素材库中，供学生学习以及教师在学习和教学中参考。

（七）网络课件开发

根据设计的脚本，参考开发的课件原型，利用 Web 开发工具和语言（Dreamweaver、Flash、ASP 等）集成课程内容，形成网络课件。

对屏幕上将要显示信息的布局进行设计，包括主菜单、不同级别的操作按钮、教学信息的显示背景、翻页和清屏方式等。

完成课件的制作以后，还要编写相应的文字材料，如课件的内容适于何种程度的学生使用、课件的使用环境、使用的机型、课件的使用方法，以及其他配套使用的文字材料等。

（八）课程资源设计

在网上进行学习，强调以学生为中心，强调学生的自主学习，在在线课程设计过程中应注意设计大量帮助学生进行自主学习的资源，促进学生的自主思维，促进学生的思维深度以及学习的参与度。促进学生自主学习的课程资源有：讨论主题、疑问及解答、课程辅助资源、测验试题等。

1. 设计课程讨论主题及内容

网络教学有良好的异步交互的优良特性，通过网络可以有效地对某一个论题进行深入的讨论。但课堂讨论由于时间有限、参与人讨论发言都很简要，一般是几段话，这种时间有限的讨论往往浮于表面，感性成分居多而且很难进行理性的思考。而基于Web的BBS系统以发表文章为基本的讨论交流形式，这种交流不受时间限制，参与讨论的学习者可以对讨论问题进行充分的思考，通过不同观点和立场的碰撞与交流，学习者可以对复杂事物达到一个相对全面且深刻的理解。通过文章来表达自己的思想，可以大大提升学生的逻辑思维能力以及驾驭文字表达自己思想的能力。教师在进行课程设计时要充分考虑教学内容的性质，深入理解课程的教学内容，提出一些有争鸣空间的问题，教师还应对这些问题进行多侧面、多角度的考虑，准备一些讨论发言文章，以便在讨论过程中引导讨论展开的方向，拓展讨论展开的深度与广度。

2. 设计课程疑问及解答

网上学习以学习者自主学习为主，没有了传统课堂教师面对面的解释和演绎，它要求学习者从听众变成求索者，进行深入的思考。但当学生遇到解决不了的问题时，及时地答疑和帮助则成了必不可少的内容。教师将学习者在学习过程中常遇到的问题及其答案罗列出来，放在答疑系统中。这样，当学习者遇到类似的问题时可以从答疑系统中迅速获得解答，消除学习过程中的许多障碍，也可以减轻教师在教学过程中答疑的工作量，缩短学生获得解答的时间。

3. 设计在线交谈话题

同步实时讨论可以使学习者之间跨越地理位置的界限进行实时的交流，比较适合激发新观念、新想法，教师进行实时答疑和辅导等，也可以进行一些情感交流。教师在课程设计中应注意设计一些实时讨论的问题，引导学生参与讨论。问题设计应有情感交流的情形，讨论话题应能启发新思路、新观点，并有一定的密集性，不能过于分散。在讨论过程中，教师要及时参与其中，确保讨论的深度以及讨论的主题不偏离方向。

4. 设计课程辅助资源

网上的资源是非常丰富的，而教师设计的主体教学内容信息容量是有限的。网络教学资源的开放性与全球化为资源的课程设计提供了最适宜的土壤。因此，在设计在线课程时，可以将与该课程有关的学习资源加入其中，这样有利于学生进行探索和发现，促进多面性思考，能满足众多学习者的个性化需求。

5. 设计测验试题

测量与评价都是网络教学过程中的重要环节，是保证网络教学质量的重要手段。在线课程中的测评系统具有自动组卷、在线考试、自动阅卷、试题管理等功能。它可以为网上教学中的考试与作业提供全面的支持。测评系统的核心是一个网络题库，它将试题按照经典测量理论进行严密的组织存储。它要求教师在课程设计中设计一定量的测验试题，并按照经典测量理论的方式对试题进行属性标记，最后纳入试题库中。

（九）自主学习活动设计

自主学习活动设计是对即将实施的网络教学具体活动的规划和设计，是在线课程开发的核心内容。自主学习活动设计的基本出发点在于促进学生与教师之间、学生与学生之间的交流，促进学生积极地投入网络学习中，充分发挥自己的积极主动性，提高网络学习的参与度。自主学习活动对学生个性的发展、社会参与能力、协作意识与协作能力、知识学习与实践均有重要的训练作用。

在一门完整的在线课程中，至少需要设计以下教学活动：实时讲座、实时答疑、分组讨论、布置作业、作业讲评、协作学习、探索式解决问题。教学活动的具体安排，根据课程内容确定。

教师在进行在线课程设计时还需注意的是，自主学习活动实施起来时间比较长，知识传递的效率没有课堂授课高，它主要针对学生的学习能力与基本素质的培养，它应在课程内容中占一定比例，但不能过多，否则，实施起来比较困难。另外，自主学习活动往往要求学生进行深入的思考、广泛的调研，它针对复杂的教学内容比较有效，而对于简单的教学内容采用传统的方式可能更加有效。因此，教师进行课程内容设计时要充分考虑教学内容的特色。

（十）集成测试与评价

评价贯穿于在线课程开发的各个阶段。在线课程的设计不可能一步到位，它是一个开放性的循环过程，通过应用与实践，对课程进行综合评价，根据反馈信息，及时更新维护，课程的评价者可以是学习者、学科专家和教学设计专家。评价的内容包括：测试调查学习者的使用效果和授课教师的使用体会；根据课程设计要求目标，检查课程实施中每一具体环节的运行状态；检查各教学模块内容间的衔接情况；检查在线课程框架结构与在线课程操作的应用性能等。根据反馈信息对在线课程不断修改更新，使之不断完善。

三、在线课程设计评价

在线课程设计评价是一个客观的过程，它要应用科学的工具，来确认和解释在线课程的效果，衡量它们的有效程度，以便为在线课程的选择和改进做出有根据的决策。自教育部实施“现代远程教育工程”以来，我国的网络教育得到迅速发展，网络教育试点院校的注册人数从原来的 68 万人增加到了 160 万人。而在线课程是实施网络教育的资源核心，是决定网络教育质量的关键因素。教育部高教司下发了《关于实施新世纪网络课程建设工程的通知》，依据各高校网络学院开设的专业，建设高质量的在线课程。教育部制定了《中国教育信息化技术标准》（CELTS），其中的《网络课程评价规范》（CELTS-22）从课程内容、教学设计、界面质量和技术 4 个基本维度对在线课程的质量进行评价，课程内容维度有 7 条指标，教学设计维度有 14 条指标，界面设计维度有 9 条指标，技术维度有 6 条指标。整个规范共包括 36 条评价指标。

（一）课程内容

课程内容是指课程内容本身的学术质量和组织结构。课程内容要符合课程目标的要求，科学严谨，课程结构的组织和编排合理，并具有开放性和可拓展性。这一维度包括课程说明、内容目标一致性、科学性、内容分块、内容编排、内容链接和资源扩展七项指标。

（二）教学设计

教学设计是指课程的教学目标、教学过程和教学测评方法的合理设计。课程的教学设计良好，教学功能完整，在学习目标、教学过程与策略及学习测评等方面均设计合理，能促成有效的学习。这一维度包括 14 项评价指标：学习目标、目标层次、学习者控制、内容交互性、交流与协作、动机兴趣、知识引入、媒体选用、实例与演示、学习帮助、练习、练习反馈、追踪评价和结果评价。

（三）界面设计

界面设计是指学习者与在线课程系统之间的信息交流方式的设计。界面风格要统一，协调美观，易于使用和操作，具有完备的功能。这一维度包括 9 项评价指标：风格统一、屏幕布局、易识别性、导航与定向、链接标志、电子书签、内容检索、操作响应和操作帮助。

（四）技术

技术是指所采用的硬件、软件技术能支持在线课程的安装、可靠运行和卸载，适合网络传输。这一维度包括运行环境说明、安装、可靠运行、卸载、多媒体技术和兼容性 6 项评价指标。

第三节　网络教学的应用模式

一、网络教学的模式特点

（一）信息传递的远程性

传统的课堂教学虽然能实现面对面的交互，但要求学习者必须按时到校，进入指定的教学环境进行学习，否则，授课、听课、提问、答疑等环节都无法正常进行。网络教学则突破了时间和空间的限制，任何学习者无论身处何地，只要通过网络就能获得教学信息。

（二）教学的交互性

传统的远程教学（如广播电视教学）虽然实现了远程教育，但教学信息具有异向流动的特点，教学信息只能从教师方传递到学习者一方。网络教学的信息传递是双向的，网络中的任何用户既可能是信息的接收者，又可能是信息的发布者，学习者通过网络接收教师的教学信息，并将反馈信息及时传递给教师，教师根据学习者的反馈对他们的学习进行进一步的指导。

（三）信息共享性

传统课堂教学中，只有少数人才能听到知名学校、知名教师的课，资源共享性较差。网络最大的特点就在于其具有信息共享性，Internet 上存有大量教学资源，可为网络中的所有用户共享。对于学习者来说，网络资源的共享性一方面使他们能够最大限度享有教学资源，有利于开阔视野；另一方面有利于他们正确理解和整合教学信息，从多个角度、多个案例展开学习。

（四）学习的个别化

在基于网络的教学中，学习者的学习可以不再受课时和教学进度的限制。他们可以根据自己的情况，自主地确定学习内容和学习进度，根据自己的时间安排各学科学习的时间，还可以就某一问题向教师请教、与同学交流，展开网上的讨论，实现个别化学习。基于网络的学习是以学习者为中心的，学习者对自己的行为负责，是一种高度个人化的行为。

（五）教学的时效性

网络教学提供了实时与非实时两种方式，这一方面有利于学习者及时地接受信息；另一方面它支持学习者重复使用信息，能够保证学习效果，带有很强的实效性。

二、网络教学的组织方式

（一）基于网络的在线实时教学

基于网络的在线实时教学是指教师、学生直接通过计算机网络（包括因特网、局域网等）进行实时教学，在这种教学模式中，信息是即时传递与反馈的，学生可以即时得到强化。由于这种教学模式能够适应学生学习速度的变化，即时对学生所遇到的问题给出诊断信息，并提供相应的解决办法，因此，能够达到比较好的教学效果。不过这种方式也存在一些问题，主要表现为联网时间长、网络使用费较高、多人同时访问一台服务器时易造成信息传输速度降低等问题。这种组织方式又可以分为基于 Web 的实时教学与基于网络的实时讨论。

在基于 Web 的实时教学中，由于教学内容、学生的反馈信息、教师的反馈信息等是通过计算机网络进行实时传播的，因此，学生的评分、学习状况、速度等基本信息都可以随时记录到相应的服务器中，供教师进行详细的分析，为进一步的教学工作提供参考依据。

基于网络的实时讨论方式主要是利用计算机网络能同时让许多人参与讨论的功能，由教师专门开辟一个讨论区，教师、学生通过文字、图片或超文本输入的方式来讨论某一个课题，进行启发式的教学。另一种讨论可以采用远程会议的方式，即通过一个有视频和语音功能的多媒体计算机传递视频、音频信息，教师与学生可以直接用各种语言和非语言的信号来进行讨论。这种方式的优点是能够让学生直接用语言和其他非语言信号的方式来表达自己的观点，学生的思维不会被文字输入过程打断，讨论的效果比较好。教师也可以获得学生更为丰富的非语言符号所表达的信息，并从学生反馈的非语言信息中去分析他们的学习状态。远程会议方式是一种发展潜力很大的网络教育方式，随着技术的发展，相信会有越来越多的教师使用这项技术来开展网络教育活动。

（二）离线模式

由于学生的上网条件不佳、网站可以同时访问的人数受限制等问题，在线功能有一定的局限性，另一种与之相互补充的教学方式为非实时教学模式。这种模式是教师通过网络向学生发送有关的教学材料，学生在接收到这些教学材料以后在非上网时间进行学习的过程。由于学生在非上网时间学习，因此，相应的网络使用费大大减少，网络利用率得以大幅度提高，网络运行更加顺畅。离线学习的缺点在于教师对学生的控制能力较差，如果学生的学习自觉性不够，会使教育过程流于形式。离线模式的具体形式包括三种。

（1）通过 Web 和 FTP 等方式下载课件进行学习。

该方式允许学生通过网络上传、下载各种课件。学生按照教师的要求将所需要的学习材料下载到本地硬盘上，运行或打开该课件进行学习，并根据要求来完成作业。

（2）通过电子邮件的方式进行师生交流。

在这种教学方式中，教师定期向学生发送有关教学内容方面的电子邮件，学生通过学习这些电子邮件或在电子邮件指导下使用其他媒体及参考资料进行学习从而达到教学目的。学生的反馈、教师的评价信息都可以通过电子邮件的方式来发送。

（3）利用 BBS、新闻组进行教学讨论。

这种方式有利于学生在一段时间内对某一个问题展开讨论，并提出自己的看法，教师定期对学生讨论的情况进行收集整理，并加以引导。

（三）综合模式

综合模式包括将在线与离线网络教育过程模式综合起来以及将网络与其他的媒体教学方法有机地结合起来两种模式。将在线与离线网络教育过程模式结合起来可以发挥这两种模式的优点，是今后值得采用的一种模式。与其他媒体教学模式结合起来则是现阶段值得采用的模式。综合模式可以在现有技术条件允许的情况下最大限度地利用网络资源进行教学。比如，目前在我国的网络教育学院教学过程中，有一部分内容（如作业）通过网络发送给学生。学生也可以定期申请学校的在线答疑，将实时与非实时的网络学习结合起来。

三、基于网络的探究式教学

探究式教学是指教师依据学生认知水平的不同，将社会生活中学生感兴趣的问题，以主题活动的形式呈现出来，调动学生的主体性和参与性，以个体或小组合作的方式探究问题解决方案的过程。在探究过程中，从探究方案的形成、实施，到任务的完成都由学生自主进行，教师不再是教学的绝对权威，而是作为学习的设计者与辅导者，对学生选题、收集和分析资料的方法等进行指导。基于网络的探究式教学是指在网络环境下组织和实施的探究式教学，典型的模式有 WebQuest 和 MiniQuest。

（一）WebQuest 教学模式

1. WebQuest 的含义和特征

WebQuest 是由美国教育技术专家伯尼·道格（Bemie Dodge）和汤姆·马奇（Tom March）于 1995 年提出的一种网络探究学习模式。WebQuest 是在网络环境下，由教师按一定的格式建立 WebQuest 主题网页，引导并以一定的任务驱动学生进行自主探究的学习模式。目前，全球有很多教师依据这种方法建立了自己的 WebQuest 课程网页，并在课堂教学中开展了广泛实践。根据完成时间的长短，WebQuest 可以分为短周期和长周期两种。短周期的 WebQuest 一般在 1 ~ 3 课时内完成，其教学目标是获取与整合知识，学习者需要处理大量新信息并最终形成对这些信息的意识。而长周期的 WebQuest 一般耗时一个星期至一个月，其教学目标是拓展与提炼知识，学习者需要深入分析“知识体”，学会迁移，并能以一定的形式呈现对知识的理解。

2. WebQuest 的教学设计

WebQuest 是传统的课堂接受式学习到完全开放的研究性学习中间的一个很好的过渡。它能在原有的班级授课形式下，帮助学生开展自主选题、自主探究和自由创造的研究性学习。标准形式的 WebQuest 教学设计一般是由教师建立一个网页，围绕一个主题在其中提供选题背景模块、任务模块、资源模块、过程描述模块、学习建议模块、评价和总结等部分，以引导与组织学生的探究式学习。

3. WebQuest 主题

（1）绪言。

教师通过绪言向学生简要介绍 WebQuest 的大致情况，描述所探究的问题，以进行前期的组织和概述工作。选题是设计 WebQuest 教学方案时首先需要考虑的问题。WebQuest 主题应该来源于现实生活中的真实任务，以便学生能在真实事件中运用所学知识解决问题或做出决策。主题可以是单学科的，也可以是跨学科的。教师一般可以先从单科教学开始，熟练以后再开始跨学科的教学尝试。

（2）任务描述。

教师应对学生的任务提出具体要求，并清晰地描述学习者行为的最终结果。WebQuest 中涉及的任务可以是：一系列必须解答或解决的问题；对所创建的事物进行总结；阐明并为自己的立场辩护；具有创意的设计工作；任何需要学习者对自己所收集信息进行加工和转化的任务等。

（3）相关资源。

教师提供一些可以帮助学习者完成任务的资源，如一些电子图书、期刊论文、研究报告或者相关网址，并且应该在每一个资源的后面加一句话，嵌入对此资源的描述，以便使学习者在点击前知道链接的大致内容；或者告知学生信息资源收集的方法和途径，让学生自己去获取更多信息和资源。

（4）过程描述。

说明要做哪些工作才能完成任务，以及学生遵循哪些操作步骤或使用什么学习策略才能完成任务等。过程描述是探究学习的关键，这些步骤一定要清晰、简明。

（5）学习建议。

教师为学生提供一些建议，以帮助他们组织所收集到的信息。建议可以使用流程图、总结表、概念图或其他组织结构展现，其中的问题需要引起学习者注意。如果建议内容较少，也可以把它和过程描述合为一体。

（6）评价方式。

WebQuest 通常采用学习量规来考查学生的表现，如探究过程、问题结果、合作与交流、态度与情感等。教师可以与学生一起协商创建自我评价量规表，利用评价量规表，学生可以对自己的学习进行评价和反思。评价人员可以是学生自己，也可以是教师、家长和其他同学。另外，根据任务差异，评价方式可以表现为学生的书面作业、设计作品、网页创作或其他内容。

（7）交流和总结。

对于将要完成的学习任务，教师应进行归纳和总结，并通过简洁的语言概述学生通过 WebQuest 能够学到什么或将会获得怎样的结果等。学习过程结束之后，教师应组织学生进行成果展示和学习交流，以促进对学习过程和知识结果的反思与深化。

4. WebQuest 模式的设计原则与适用范围

（1）成功组织 WebQuest 的原则。

在 WebQuest 模式中，教师不再享有对教学过程的绝对掌控权。那么，面对在网络环境中自由探究的学生，如何才能组织起有效的学习呢？伯尼·道奇提出了该模式设计的五项基本原则，它有助于任何人去创建一项 WebQuest 教学活动。这五项原则可以用单词“FOCUS”来表示，具体如下。

F——find great sites，找出精彩的相关网站。

O——orchestrate your learners and resources，有效地组织学习者和学习资源。

C——challenge your learners to think，要求学生积极思考。

U——use the medium，选用适当的学习媒体。

S——scaffold high expectations，为高水平学习期望搭建脚手架。

（2）WebQuest 模式中的任务类型。

任务是 WebQuest 的核心部分，是课程教学目标的具体化。一个实际的 WebQuest 可能包括两种或两种以上的任务。任务应该是可行的、有趣的，并且能够促进学生高级思维能力的运用。任务问题不能简单地通过收集、整理信息来回答，这些问题应能促使学生对信息进行一定程度的加工，如概括问题主题，进行比较、判断、分析与综合等。为了让学生进行高水平的认知，WebQuest 为学生提供建构知识的脚手架，也就是将任务分成一些有意义的子任务，或是让学生经历一些已经经验化的问题解决思维过程等。

（3）WebQuest 适用的教学内容。

尽管 WebQuest 适用范围较广，但并不是所有主题都适用于 WebQuest 教学模式。它不适合那些已经成为事实的内容，不适用于教授陈述性知识、简单的过程或定义等。WebQuest 最好用于那些不确定的问题主题，既没有既定答案又有多种可能解决途径的问题，这样才能够引起学生的兴趣，激发学生的创造性。如果 WebQuest 中包括角色扮演或闯关游戏，还应该在这一步设置相应的情境。

（二）MiniQuest 教学设计

1. MiniQuest 概述

WebQuest 通常需要学生花费数周甚至更长的时间才能完成一个具体的探究任务，它比较适合开展综合性的研究性学习活动。使用 MiniQuest 进行探究教学设计时，学习者通常只需要在 1 ~ 2 个课时内就能够完成一个微型单元的学习。因此，它能够比较方便地嵌入常规课程中使用，教师不必用一个较长的网络学习单元来“代替”大量常规课程。正是基于这些原因，MiniQuest 才为不同能力水平的教师创设网络学习环境提供了一个合理的起点。

MiniQuest 作为一种微型的网络探究教学模式，为真实问题研究提供了一个基本框架，该框架能引导学生带着特定的目的，并通过特定的网络资源来探究有意义的学习问题，从而提升学习者成功遨游因特网等信息环境的能力。MiniQuest 提供教师设计的在线教学模块，通过使学生参与一个真实主题或问题的研究，来促进学习者批判性思维和知识建构能力的发展。

2. MiniQuest 的类型

（1）发现型 MiniQuest。

这种类型通常运用于课程单元的开始阶段，主要用来引导学习者进入课程单元的学习。如在一个细胞分裂学习单元中，教师希望通过介绍癌症来向学生讲解细胞分裂。每个学生身边都可能有癌症患者，因此，对这类疾病的初步研究就为细胞分裂的学习提供了实际情境和关联。

（2）探索型 MiniQuest。

这种类型通常运用于课程单元的中间阶段，它主要涉及概念理解或课程目标所必需的知识内容的获取等。它既可以与发现型 MiniQuest 结合运用，也可以单独运用。如运用发现型 MiniQuest 案例中使用的主题，在探索型 MiniQuest 中则可以要求学生通过研究癌症来描述有丝分裂的步骤和方式等。

（3）结论型 MiniQuest。

这种类型通常运用于课程单元的结束阶段，它要求学习者运用其他探究学习或从传统教学中获得的知识内容和信息来回答或解决一些更为深入的问题，如要求学习者建构主题问题的解决方案，或是设计一个完善的实践活动计划等。

（三）MiniQuest 的结构

MiniQuest 一般由情境、任务、资源和成果等教学模块构成。

1. 情境

该模块为问题解决提供了一个真实可信的具体情境，并安排学生担任某个真实的角色。情境模块必须设置学习者应该回答的学习问题，其作用是提供一个“锚”对学生的学习问题进行定位。

2. 任务

任务活动设计一般为 1 ～ 2 个课时，而且任务应当是被高度组织起来的。通过回答设计好的任务中的问题，学习者可以获取所需的一些事实或信息。

3. 资源

所提供的网络资源应该与任务和问题密切关联，通过资源链接能引导学生到特定网站获取所需信息，以便学生将所获得的各种“原始”资源和信息材料及时、有效地组织起来。

4. 成果

学习者将通过学习作品来表现他们为情境模块中提出的问题所探究的答案，通过作品展示与交流，教师可以对学生的学习成果进行评定。因此，该模块必须包括对成果形式和评价标准的具体描述，如要求学习者对所理解的知识或设计方案加以分析或论证等。

四、基于网络的协作式学习

（一）协作学习的概念与特征

1. 协作学习的概念

协作学习（cooperative learning）通常又称合作学习，它是指学习者以小组的形式，在一定的激励机制下，学习者个人和小组通过协同互助的方式，为完成共同任务而开展的学习活动。合作学习近年来受到广泛重视，它主要通过小组学习交流与合作来促进学生在认知、情感和社会意识等方面的成长与发展。随着教学研究和实践的深入发展，人们已经逐渐认识到，学生在解决一些复杂的学习问题时，协作学习是一种更为有效的教学方式。

协作学习的类型和方法较多，如小组成绩分工法（TAD）、小组游戏竞赛法（TGT）、交错拼接学习法（Jigsaw）等。尽管不同类型的合作学习在教学步骤和实施程序上不尽相同，但它们都强调学习活动的合作化，即学生小组一起学习，每个人既要对自己负责，同时又要对小组其他成员负责。另外，合作学习还强调小组目标（group goals）和小组成功（group success）的运用，而且这种成功只有在小组所有成员都达到学习目标时才能获得。合作小组一般以每个学习单元或 4 ~ 6 周为一个阶段，然后重新调整小组成员，以便扩大学习交往范围，并使各自掌握的小组技能具有迁移能力。

2. 协作学习的特征

协作学习的代表人物是美国的约翰逊兄弟（D.W.Johnson&R.T.Johnson），他们对传统教学与协作学习进行了比较分析，并指出了协作学习的五大要素，即积极的相互依赖（positive interdependence）、面对面的交往促进（face-to-face promotive interation）、个体责任（individual accountability）、社会技能（social skills）和小组自加工（group processing）。

协作学习的关键是小组成员之间相互依赖、相互沟通、相互协作、共同负责，从而达到共同的学习目标。协作学习模式具备以下特点。

① 以小组活动为主体。所有关于协作学习的表述都强调协作学习的基本形式是小组学习，是以小组活动为主体进行的一种教学活动模式。

② 强调小组成员的协同互助。协作学习是一种同伴之间相互合作、协同互助的学习活动，学生之间的协同合作与相互作用是协作学习赖以开展的动力源泉。

③ 强调目标导向功能。协作学习是一种目标导向性的学习活动，是为达成特定教学目标而展开的。

④ 强调以总体成绩作为激励。协作学习以各小组在达成目标过程中的总体成绩作为奖励依据，这种激励机制有利于促进学生在小组活动中各尽所能，从而使自己和他人都得到最大限度的发展。

（二）计算机支持的协作学习

计算机支持的协作学习（computer-supported cooperative learning，CSCL），是指利用计算机技术来辅助和支持协作学习的教学模式。当这种学习主要基于网络化教学环境开展时，通常也被称为网络化协作学习（web-supported cooperative learning，WSCL）。多媒体技术能为学习者提供形象直观的、界面友好的学习环境，网络技术打破了地域和时空的限制，为学习者提供了信息获取与传输的通道。通过计算机支持的协作学习，身处不同地域的学习者可以通过计算机进行交流和沟通，并通过互联网络组成学习小组，在协商和互助的社会化环境中完成共同的学习目标。

1. CSCL 学习的特点

计算机支持的协作学习必须考虑如何让学习者进行充分的学习交互并实现协同互助。因此，交互性和协作性就成为 CSCL 协作学习系统的关键特征。

（1）交互性。

在计算机支持的协作学习环境中，“人—机—人”之间的交互方式有多种，如一对一、一对多、多对一、多对多交互等。由于计算机模拟操作和数据显示的可视化，信息交互内容也不再拘泥于现实世界的直观现象，而是可以超越人的现实感知，将原本只能利用抽象语言符号表征的各种信息可视化、过程化，如宏观和微观现象、动态和瞬间过程等都可以用三维动画进行展示。计算机支持的协作系统交互控制非常灵活，主控权既可以均衡分配，也可以高度集中；既可以支持网络时空的同步交互或异步交互，同时还可以实现现实与虚拟之间的自由联结与交互协作。在网络学习环境中，学习者可以按非顺序方式自由发言，教师和学生之间可以同时开展各种学习交流活动而不互相干扰。由于 CSCL 主要以网络作为学习交流的中介，交互方式的间接性允许学习者进行匿名活动。匿名交互过程中学生不必顾及他人身份而畅所欲言，并有利于将学习关注的焦点从内容效果转移到内容本身。另外，利用网络环境中交互的间接性，学习者也可以在公共交互中建立私有通道，这就为合作学习的自由交互提供了便利。

（2）协作性。

交互性是实现网络协作学习的必要条件，但要使协作者之间发生学习行为，还必须提供适当的协作机制。CSCL 学习系统为协作学习提供了以下五个方面的协作机制。

① 支持信息共享。CSCL 提供的信息共享功能，不仅可以使小组成员获得更多的信息，而且使协作组成为信息接收的整体。这既能促进协作活动的开展和整体目标的实现，也有利于加强内部凝聚力。

② 支持协作活动。CSCL 支持多种协作学习活动，如集体讨论、轮流发言、交互操作、信息沟通等。通过一系列的协作支持，有利于促进学习目标的共同实现。

③ 支持角色扮演。协作小组成员各司其职，共担荣辱。CSCL 不仅包含相互依赖、个体职责等要素，像调停者、指导者、组织者等成员角色也是复杂协作系统成功的重要保证。

④ 支持创造行为。协作学习目标是明确的，但学习过程却是多维的和富于创造性的。

由于协作形式灵活多样，新的观点、思路、策略等会不断涌现，因此，学习过程本身会促进小组成员在知识、技能、价值观等领域不断发展，有时甚至会超越预定的协作组或个体学习目标。

⑤ 支持控制管理。由于学生在学习过程中交互形式多样化而且极为复杂，各个成员的学习行为也不尽相同，为使协作和谐一致，需要完善的控制和管理策略。

2. CSCL 模式的教学设计

许多教育工作者在实践中对 CSCL 教学模式进行了积极探索，总结出了一些相应的操作程序，如“资源利用—主题探究—协作学习”“小组合作—网页创作—远程协商”等。这些教学程序大致包括：通过调查确定主题、准备学习资源、设计活动工具、分组收集资料、交流与评价学习成果等环节。通常情况下，基于 CSCL 的学习设计有以下内容。

（1）依据学习目标确定学习主题。

网络协作学习的目标是系统性的，一般将协作学习的总体目标分解为多个子目标，使其对应具体的学习内容，再结合子目标与学习内容设计协作学习主题。为促进学习者之间的协作与交流，学习主题应尽量选择具有一定开放性和复杂性的真实任务，以使学习者感受到问题的意义及挑战性，激发他们参与学习与协作活动的兴趣。

（2）确定网络协作小组的结构。

协作小组是 CSCL 的基本组成部分，小组成员的活动方式以及分工、组合的不同，将直接影响协作学习的效果。通常情况下，一个协作小组中的学生最好是异质的，包括不同能力、不同性别的学生，一般以 4~5 人为宜。因此，可以按照学习者的学习成绩、知识结构、认知能力、认知风格、认知方式等互补的原则，将他们分配到各协作小组中。

（3）准备网络协作学习资源。

在协作学习时，教师需要为学生设计并提供一定的信息资源环境，包括课程材料、相关知识库、原始数据库（内容或其超链接）等，一些学习者积累下来的与任务有关的电子作品、个人主页或反思日记等也可以链接到学习网站上。尽量缩短无效时间，提高协作学习的效率。学习资源的信息量要足够丰富，资源结构要合理，具有一定的层次性，以便满足不同程度学生的需要，资源的表现形式要多样，以便检索和加工利用。同时，应以开放的超媒体方式进行组织，鼓励学生对所需信息搜索、选择、评价和综合，提倡沉浸式的合作与交流，避免简单的信息传递。

在提供资源的同时，教师还应为学习者设计交互性良好的网络协作工具，包括界面友好的通信工具、协作工具、信息加工工具、个人主页空间、追踪评价工具等。功能强大的交互工具是开展网络学习的基础。为支持学习小组持续的交流与协作活动，教师应尽量为他们提供丰富的交互工具。

（4）策划网络协作学习活动。

网络协作学习活动的设计是协作学习的主要组成部分。网络协作学习活动设计包括教学活动序列设计、活动内容设计和活动开展形式设计。协作学习活动主要围绕学习内容开展，并根据学习内容采用不同的活动方式。建构主义倡导的“支架式教学”“抛锚式教学”“随机进入教学”“情境式教学”“织网式教学”等也可以应用到设计网络协作学习活动中。为了使协作小组有效地学习，教师也可以设计一些促进小组协作的“规定性”活动，如要求小组讨论成员分工、学习信息与小组成员共享、积极参与小组协作讨论、检验不同的观点或意见、提供个体成果初稿供他人评论、确定小组工作步骤和评估标准、确定讨论内容和任务截止期限、确定作业形式和作品评价标准等。

（5）组织与监控学习过程。

在协作学习过程中，教师需要对学习过程进行监控调节，并在与学习者的对话中提出问题和任务要求，提供有关研究案例、相关资源及学习指导等。协作任务要明确、具体，能激发学习者解决问题和参与合作的兴趣，并能激发学生开展判断、分析、综合等高水平的思维活动。

学习者在协作学习过程中，与协作伙伴、辅导教师等开展包括协商会话、知识表达、相互依赖、承担责任等在内的多方面的合作性活动，彼此形成一个学习共同体。学习共同体的设计、构建和管理是 CSCL 取得成功的关键。在学习中，所有学习者都要不断增强“共同体意识”，明确意识到自己是学习团体中的一员，感受并理解团体对个体学习的意义。学习活动开始可以先组织成员进行自我介绍，可以通过邮件列表或个人主页进行交流。如果可能，也可以适当安排一些面对面的活动来增强交流的真实感。教师要鼓励小组成员在学习过程中的合作与互助，而不是只把问题交给教师，这样更能使学习者感受到共同体的学习价值。

另外，还要根据任务特点选择适当的组织方式，并合理安排协作学习活动。网络协作学习尽量与原有教学机制衔接，有利于网络协同与学校活动在组织上具有一致性。如安排组长负责协调小组活动、报告小组学习进展，安排课题教师、学科专家、辅导员以及技术人员等提供网络在线支持等。

（6）评价网络协作学习过程及成果。

协作学习评价应具有开放性与多维性，不仅要评价学习成果，也要评价学习过程和学生的学习表现。在协作与交互学习的过程中，教师应不断根据各小组的进展情况，恰当评价每个小组成员的贡献，并将过程性评价与最终的学业成绩联系起来。自我评价和自我监控对于维持高水平的协作活动和学习思维都具有重要意义，教师应鼓励小组成员不断进行自我评价、相互评价以及自我监控和相互监控。

下面以全球地理教育在线中心（CGGE）项目为例，介绍协作学习在地理教育中的运用。全球地理教育在线中心项目（online center for global geography education，CGGE）是美国科学基金会赞助的项目，它提供了一套研究地理问题的教学模式，并运用因特网技术进行国际协作学习，这是地理教育史上的重要创新性尝试。

① 教学目标。CGGE 项目的目的在于深化大学生对地理概念的理解，提供运用地理技巧进行实践的机会，使学生有能力使用数据和地理学概念去考察全球的地理学问题，并促进他们对当前全球问题的国际化理解。与世界不同地区的伙伴和专家在线交流，让学生对全球地理有更深层次的领悟并对它产生更大的兴趣。为了达到这个目的，中心向各大学院系提供其所需的工具和资料，使世界范围内的学生能通过互联网共同

进行协作学习。

② 学习主题与学习资源。本项目分为 3 个模块，分别是人口、全球经济和民族主义，每个模块有 4 课，每课都是由一系列的案例研究、协作学习活动和关于这些问题的国际讨论组成的。CGGE 网站提供以协作学习的方式来研究国际地理问题，每个模块都提供了 Black Board 制作的在线课程、阅读材料链接目录、教师提供的学习指南等内容资源，供学生浏览、阅读、处理。

③ 合作小组的组织。合作小组由合作双方学校精心选择，双方都配有指导教师全程参与指导。

④ 合作方式及交互工具设计。参加项目的中国学生和德国学生组成一个国际小组，各自阅读课程资料后，各国家的小组首先在内部进行讨论并完成每课的作业（如制作简单的地图、图表，填写预算表等），其次完成一些国际的协作活动（如在线讨论分析一幅地图等），最后通过电子邮件和这个项目网站的“集体讨论板”与合作国家的学生一起深入研究。

⑤ 过程监控及评价设计。在协作学习中，评估能鼓励合作工作。在学习过程中可以使用三种评估方法来衡量各小组及其成员在协作学习中的表现：个人评分表、发帖质量和个人对小组的贡献。

第五章　信息化技术对教学发展的影响

第一节　信息化技术对教学环境的影响

一、教学环境

环境，英文名称为 environment，是影响生物机体生命、发展与生存的所有外部条件的总体。人们通常所说的教学环境包括自然环境、人工环境和社会环境。基于上述认识，教学环境就是影响教学活动的各种外部条件。

（一）教学环境的概念

教学环境是指学校教学活动所必需的客观条件的综合，它是根据人的身心发展的需求组织起来的。与其他环境相比，教学环境具有自身特定的环境区域、环境主体和环境内容。这一特定的生存环境为师生的活动提供了前提条件，对教与学的效果产生了重大影响，并在某些外部特征上把教学活动导向了不同的境界。尽管有时教学环境的影响只是潜在的，但其作用是不可忽视的。因此，充分认识教学环境的构成要素及作用，对增强教学效果及提升教学的艺术魅力都将产生积极影响。

（二）教学环境的构成要素

教学环境是一个复杂的系统，从不同的研究角度可以使教学环境有不同的构成要素。无论是从主体构成的角度还是从内容构成的角度进行研究，这些构成要素都不是孤立的，它们在教学活动中相互作用、相互影响，共同贯穿融会在师生认知、情感和行为产生的过程中。教学环境主要由生理环境、物理环境和心理环境组成，如图 5-1 所示。

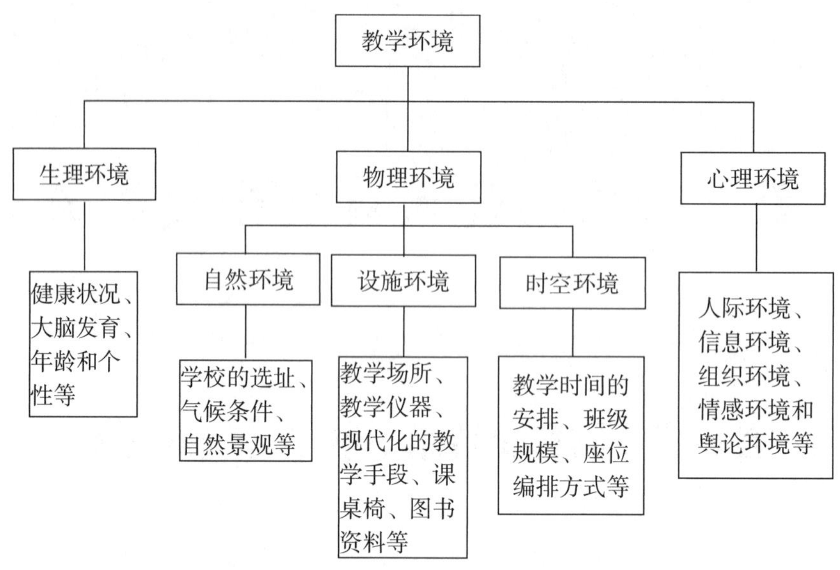

图 5–1　教学环境的组成部分

（1）生理环境：生理环境即个体自身的生物特点，如身体的健康状况、大脑发育、年龄和个性等。每个人都有各自的生理特点，当处于教学活动中时，个体会表现出区别于他人的外在表现。作为教学环境的一部分，身体的健康状况对教学活动的成功起着不可忽视的作用。

（2）物理环境：物理环境是教学环境中有形的、静态的硬环境部分，也是我们常说的狭义的教学环境。物理环境包括自然环境（学校的选址、气候条件、自然景观等）、设施环境（教学场所、教学仪器、现代化的教学手段、课桌椅、图书资料等）、时空环境（教学时间的安排、班级规模、座位编排方式等）。

（3）心理环境：心理环境是教学环境中无形的、动态的软环境部分。国内学者田慧生先生把心理环境称为“社会心理环境”，并将其划分为人际环境（学校内部的各种人际关系）、信息环境（学校内部的各种社会信息）、组织环境（校内各类正规与非正规团体、团体活动、团体规范和团体心理气氛）、情感环境（课堂中合作、竞争、期望、奖惩因素的运用及由此形成的课堂气氛）和舆论环境（集体舆论、个体意见、个别流言）。

二、信息技术支撑的教学环境

信息技术与课程的整合过程离不开由信息技术构建的教学环境，即信息化教学环境的支撑。一般认为，信息化教学环境是具备教育信息存储、处理和传递功能的，能适应学生数字化学习需要的信息化环境，主要包括校园网、多媒体计算机网络教室、电子阅览室、常规电教室、远程教学信息网络系统等。需要指出的是，这里所说的由信息技术支撑的教学环境，绝不仅仅指硬件系统，而是硬件、软件和人机环境三者有机组合的综合系统。在该系统中，诸要素既相互联系，又相互制约，在教学中作为一个有机整体发挥着各自的功能。与传统的教学环境相比，信息技术支撑的教学环境的优势是显而易见的，它不仅增强了学习资源共享的通信功能，实现了教学设施的网络化，还促进了多媒体学习环境的完善。

（一）信息技术支撑的教学环境的组成

1. 多媒体综合教室

基本组成:① 简易型，投影器、银幕、电视播放系统（电视机、录像机、摄像机）、音响系统（无线话筒、音响设备）、计算机；② 标准型，综合控制平台（机械式/智能式）、视频演示仪、大屏幕投影电视/背投电视（以简易型为基础）；③ 多功能型，带平台的摄像枪、闭路电视系统、学生信息反馈控制器，根据需要可选择与局域网、校园网、互联网相连（以标准型为基础）；④ 学科专业型，以简易标准型为基础，再加以学科专用设备的多媒体综合教室（如配备多台电子琴、监听耳机、可视系统等构成的音乐学科专业多媒体综合教室）。

教学应用特点：这是一种基于课堂教学的信息化教学环境。它能满足多媒体组合教学的要求，达到信息显示多样化的目的。这种教学环境便于教师选择合适的媒体，优化教学过程。在进行音乐教学的过程中，教师可通过操作设备，随心所欲地运用音响、录像、文字、投影、录音、动画等现代教学媒体展示教学内容，从而优化教学过程，突破教学重点、难点，提高教学质量与效率。

2. 电子媒体阅览室

基本组成:控制中心、多媒体计算机、电视播放系统（录像机、摄像机、电视机）、音响系统、媒体资源中心，资源中心还有校园网、互联网。

教学应用特点：这是一种基于个别化学习的教学环境。学习者可自由选择媒体进行学习，通过计算机、电视机、录像机等现代教学媒体进行自主学习，积极参与学习过程，充分体现学习者的主体地位。控制中心也可按照学习者的要求传输所需的媒体信息给学习者进行视听阅览、学习资源共享。

3. 多媒体网络教室

基本组成：多媒体计算机、控制平台、网络服务器等。

教学应用特点：这是一种基于协作学习和自主学习的教学环境。通过网络教室系统，将声音、图像、文字以及动画等多媒体信息传输到学生终端机，以辅助教师进行课堂教学。通过网络教室系统，学生能根据需要提取个别化学习资源，满足资源共享与个别化学习的要求；小组学习讨论能够得以实现。一些先进的网络系统还具有教学测试及信息反馈分析能力。

4. 双控闭路电视环境

基本组成：双向控制主机、分控终端、对讲系统、摄像机、录音机、录像机、DVD、电视机、多媒体计算机、信号调制系统（调制器、混合器）等。

教学应用特点：这是一种基于开放性播放式的教学环境。教室和中心控制室都可以控制录像机系统的工作，教师可在教室内遥控录像机、DVD 等播放设备和多媒体计算机，主控室可根据课程安排授权各教室使用主控室内的各种播放设备。教师可以根据教学需要选择多种视频节目源，控制节目的播放过程。由此可见，这样便于教师调控。

（二）信息技术支撑的教学环境的特点

信息技术为教学环境建设注入了新的活力，使教学环境发生了翻天覆地的变化，使教学过程，信息的显示、处理和传输等实现了数字化，具有传统环境无法企及的优势。

1. 教学过程智能化

由于计算机辅助教学（CAI）系统采用了大量的人工智能技术，在教学过程中系统可以自动诊断学生的学习水平，自动选择教学内容，自动调整教学进度，自动选择教学策略与方法。人工智能技术的采用大大节省了教师的时间，使教师有精力去设计和开发教学软件，更好地组织课堂教学。

2. 信息显示多样化

信息技术支撑的教学环境为教学提供了文本、图片、动画、视频等多种显示方式，充分调动了学生的多种器官，提高了教学效率。

3. 信息处理数字化

各种图、文、声、像等教学信息的存储记忆、高速运算、逻辑判断、自动传输等均以数字化的方式进行，这大大节省了课堂时间，扩充了教学内容。教师和学生不必再为复杂的运算花费过多的时间，而是可以把有限的课堂时间尽量用到内容和方法的讲授方面。

4. 信息传输网络化

教学内容可以通过网络进行传输，实现了异地同步的教与学。网络化的传输可以实现文本、图像、视频和声音等的传播，支持群组传输和个别指导。不同地区的教师和学生可以共享优秀的教学资源，避免了资源的重复开发。

5. 信息存储硬盘化

随着硬盘价格的降低，大量的教学信息利用硬盘进行存储。这样既节约了计算机的空间，提高了运行速度，又可以长久保存，随时调取使用。同时，非线性的查找方式也为调取信息提供了极大的便利。

6. 交互界面图形化

随着信息技术的发展，交互界面实现了图形化，由此代替原来的文本，使整个界面更加人性化，操作也因此变得更快捷。

（三）信息技术支撑的教学环境的功能

1. 有利于信息反馈和教师的调控

在信息技术教学环境下，教师的指导和学生的反馈是通过网络来完成的，因而更加快速、便捷。尤其是在网络教室的环境下，教师可以通过网络教室功能监督全班学生的学习情况，并根据需要给予个别指导。

2. 有利于教学信息多样化显示

在教学中可以将信息通过多媒体的形式显示，使教学内容能够通过文本、图形图像、声音和动画等方式展现给学生，充分调动学生的积极性。

3. 有利于学生进行协商讨论

在网络教室中，学生可以通过 QQ、BBS 和留言板等形式进行交流和讨论，既避免了面对面讨论的嘈杂，又可以保护学生的隐私，使性格内向、不爱发言的学生能够通过一对一的形式进行交流，实现了人性化教学。

4. 有利于教学资源的高度共享

在以往的教学中，教师如何把大量的资料和信息传递给学生，以及学生如何将自己的看法和心得与其他同学进行分享等问题一直是教育者所探寻的。如今，信息技术的利用可以有效地实现资源的共享，只需要打包发送即可在几分甚至几秒的时间内完成文件的传输和共享。Blog 等的出现也为大家分享经验和看法提供了有力的平台。

5. 有利于学生获取广泛信息

互联网上的信息是海量的，利用搜索功能（如百度等）可以实现信息获取的目的，也可以利用网上发帖求助的功能向全球的用户提出问题，广交朋友。

6. 有利于学习者的积极参与

信息技术支撑的教学环境具备上述功能，充分调动了学生的好奇心，唤起了他们求知的欲望，使更多的学生参与其中，扩大了受众面。

三、环境变化与教学模式创新

教学环境的变化，尤其是信息技术的引入为教学模式的创新带来了崭新的契机。同时，教学模式的发展也要求教学环境随之变化，二者相辅相成。

首先，教学环境变化促进教学模式的创新。信息技术的飞速发展使教学走进了多媒体交互的时代，多媒体教学环境特有的信息显示方式、信息搜索方式和信息传输方式等推动了自主学习、协作学习和个别化学习等模式的发展。可以说，这些新模式的研究和发展都离不开多媒体这一教学环境。多媒体教学环境可以把传统课堂教学中比较难以展示的原理、实验和规律用图像、视频和动画等形式逼真地表现出来，从而使课堂变得生动活泼，吸引学生的注意力，调动学生的学习积极性，从而大大增强学习效果，为自主探究、协作探究等教学模式的实施开创前提条件。

其次，教学模式的创新也为开辟新的教学环境引领了方向。随着教学理论的深入研究和教学实践的开展，原有教学模式已经不能满足学生对知识的渴求，一些新的教学模式随之产生。例如，网站开发教学模式、游戏化教学模式、虚拟实验模式和微型世界中的发现学习模式等都要求有较高的教学环境与之相适应。教学环境在这些新模式的引领下朝着网络化、趣味化、虚拟化的方向发展。多媒体教学环境是多种环境中的一种，教学环境不能拘泥于多媒体，而是要随着模式的发展而改变。

总之，教学环境与教学模式都是处于不断发展的动态变化中的，两者相互影响、相互促进，共同服务于信息技术时代的教育教学。教师要弄清两者的关系，努力创造新的教学环境以适应教学模式的发展。

第二节　信息化技术对教学媒体的影响

一、教学媒体

“媒体”一词源于拉丁语 Medium，意为两者之间，是指承载、加工和传递信息的介质和工具。广义的媒体是实现信息从信源到信宿传播而采用的一切手段，包括书本、图片、电影、电视、计算机、网络、通信卫星等。

加拿大著名传播学家马歇尔·麦克卢汉（Marshall Mcluhan）于 1964 年提出“媒体是人体功能的延伸”的观点，他认为“面对面的交流是五官的延伸，印刷品是人眼的延伸，电声广播是人耳朵的延伸，电视是眼睛和耳朵的同时延伸”。每一项新的媒体的出现，都会产生一项新的或进一步增强人体功能的延伸，如摄像机的出现进一步增强了人眼的延伸，而计算机的出现是人脑的延伸。毫不夸张地讲，媒体的出现极大地改变了信息传播的模式，媒体在教育中的应用影响着人类知识的组织、传递与获取，提高了人们获取知识、读书学习的效率。

（一）教学媒体的概念

那么，什么是教学媒体？当某一媒体被用于教学目的时，就被称为教学媒体（Instructional Media）。例如，通常视为休闲、娱乐的电影，只要赋予其明确的教学目的、内容和对象，就称之为教学电影，亦称之为教学媒体。媒体成为教学媒体要具备两个基本要素：用于储存与传递以教学为目的的信息和用于教与学活动。

习惯上，教学媒体有传统教学媒体与现代教学媒体之分。通常来说，把过去传统教学中常用的媒体称为传统教学媒体，如教科书、黑板、粉笔、挂图、标本和模型等，而将 20 世纪以来利用科技成果发展起来的电子传播媒体称为现代教学媒体，如幻灯、投影、电视、电影、无线电广播、计算机和网络等。现代教学媒体通常包括以下两个密切相关的要素。

硬件，又叫现代教学设备，即用以存储和传递教学信息的各种教学机器，如幻灯机、投影机、录音机、电影机、电视机、录像机、计算机、影碟机等。

软件，又叫音像教材，即已录制的、承载了教学信息的各种片带，如教学幻灯片、投影片、电影片、录音带、录像带、计算机课件、视盘等。

实际上，这里所谓的“传统”与“现代”并没有严格的界限。通常，一种新媒体刚刚产生时，对师生来讲都非常新颖，被称为“现代教学媒体”；而经过一段长期的教学应用，被广大师生所熟悉，成为日常的教与学的工具后，也就渐渐被列为“传统教学媒体”了。

（二）教学媒体的特性

英国教育技术学家贝茨（A.Bates）认为，各种教学媒体既有共性，也有各自的特性。他指出：媒体的应用是灵活的、可替代的，同样的教学目标可通过不同的媒体实现；每种媒体都有其独特的内在规律，任何媒体都有各自的优势和劣势；对任何教学目标而言，使用效果都是最好的“超级媒体”是不存在的。纵观起来，教学媒体具有以下的教学功能特性。

表现力：各类媒体在呈现事物的空间、时间、运动、颜色、声音等特征的能力方面是不同的。

重现力：重现力是指对信息的重现能力。如书本可以反复阅读，录音、幻灯可以重放。有些媒体不具备良好的重现性，如现场的无线电广播与电视广播。

接触面：任何媒体都具有扩散的传播性，以各种符号形态把信息传递给受传者，只是不同媒体在传播的范围上各有差异。

参与性：能在活动中给学习者提供参与活动的机会，包括行为参与和感情参与。

受控性：使用者操纵控制媒体的难易程度。

二、信息技术环境下的教学媒体

通常情况下，人们把信息技术环境下的教学媒体归类为现代教学媒体，又根据它们的不同表现方式把它们分为视听媒体、交互媒体和远程教学媒体。

（一）视听媒体

视听传播教学中的媒体被称为视听媒体（audiovisual media）。视听媒体是传递音像信息的媒体。这里所指的主要是现代视听媒体，如电视机、电影机、影碟机以及计算机等能同时播放视频和声音的媒体。视听媒体通常用来呈现过程、解释原理。它可以产生以下效果。

（1）时、空的自由变换。上、下镜头之间的连接只要符合蒙太奇语言，即可方便地省去事物发展的某一过程，当然这一过程可能为时间过程，也可能为空间过程。例如，上一镜头为某人伸手开门，接着下一镜头中此人已在室内走动，这里省去了开门、进门的过程，方便地从室外空间转换到室内空间。

（2）可表现宏观、微观世界，展现正常情况下难以观察的变化。例如，星球运行规律、细胞分裂过程等，这些是用传统的模型和挂图展现不出来的，它生动、直观、逼真地再现了事物面貌。

（3）可以定格（暂停）画面或反复重放，以利于学习者能更清晰地观察他自己所需要进一步了解或复习巩固的部分。这样的功能有利于学生自学，尤其是对没有掌握或者存在异议的问题学生可以进行反复推敲，同时它在体育技能的演示或分步演示方面的应用比较广泛。

（4）能让学习者有身临其境的现场感，特别是那些危险的环境，如山洪暴发等。一些危险的化学实验即使在学校的实验室演示也不能保证学生的安全，但是通过视听媒体可以清晰地展示操作过程，安全又可控。

（二）交互媒体

交互是指两个或两个以上的个体之间进行的双向信息交流。所谓交互媒体是指媒体系统具备类似于机体的行为特征，能够独自与用户发生互动并相互影响。交互媒体在媒体与学习者之间构建起一个双向的通道，使学习者处在一个积极的学习状态中。学习者与媒体既是接收者同时也是信息的发送者，它们之间构成了一个信息流通的闭环系统。

计算机就是一种强交互性媒体，特别适合因材施教的个别化教学。学习者可利用个别化学习软件，根据需要、根据自己的水平，不受任何时间、地点的限制来进行自我学习，这就完全突破了传统课堂教学的统一模式。这样的交互环境有利于调动学习者的主动性与积极性，使其处于学习的积极状态中。另外，利用个别化学习软件进行教学，把一些机械性工作（如出练习题、评分、统计等）事先编制成计算机程序，由计算机来完成，可以把教师从简单的重复劳动中解放出来，以便有更多的精力与时间从事教学设计。

个别化学习并没有忽视教师的作用，教师只是从“台前”走到“幕后”，主要体现为对学习活动的“预安排”，这种“预安排”是由教师花费成倍于课堂面授的精力去编写“课件”，而且往往需要教师具备更丰富的教学经验并对学习具有更科学的理解。此外，在个别化学习过程中，教师仍要发挥其指导答疑的作用，必要时还需要结合集体授课的方式，对学生在进行个别化学习时反映的比较集中的问题进行补充教学。

（三）远程教学媒体

要实现网络化远程教学，需要借助一些通信工具软件。根据通信工具的不同功能，我们可对通信工具作适当的分类：第一类工具主要用于支持用户之间的信息传输；第二类工具主要用于支持信息空间的共享；第三类工具兼具前两类的功能，可以用于支持远程用户之间的协同作业，通常称为“群件”（groupware）。对于每类工具，又可分为同步和异步两种工作方式。表 5-1 列举了常用的各类通信工具。

表 5–1　网络化远程教学通信工具

工具类别	同步	异步
信息传输工具	视频会议系统 语音会议系统 实时笔谈系统（如 IRC）	电子信箱（文本、语音、视频） 电子新闻组、公告牌系统 异步计算机会议系统
信息共享工具	远程屏幕共享系统 实时群组编辑器	服务器文件共享（如 FTP） world wide web 浏览器 异步合著（co-authoring）系统
协同作业工具（群件）	带白板的视频会议系统 群组集思（brainstorming） 工具群组决策支持系统	带合著工具的异步计算机会议系统 群组课题管理系统

在实现网络化远程教学时，应根据不同的教学要求和设备条件来选用不同的通信工具。应当指出，在远程教学中，用得较多的教学模式和通信工具是异步方式的，因为这样可充分发挥计算机网络通信所赋予的时空灵活性，通信费用也比较低。电子信箱和 Web 浏览器是目前最常用的远程教学通信工具，其次是异步群件系统。

三、媒体变化与教学模式创新

在教育的历史长河中，教学媒体从投影仪、幻灯机、电声媒体等逐渐走进了多媒体时代。在教学过程中引入多媒体实施教学，致使教学思想、教学内容、教学方式方法、课堂体系及课堂结构都发生了巨大的变化，最终使新型教学模式应运而生。新模式将对优化教学过程、增强教学效果、加大信息量、提高教学质量起到重要作用。

首先，多媒体优化了课堂演示模式。这种模式利用多媒体教室或计算机网络教室，由教师向全体学生播放多媒体教学软件（课件）片段，其目的通常是创设教学情境，或演示教学内容，或进行标准示范。

其次，多媒体促进了个别化教学的发展。计算机的交互性为实施个别化教学打开了方便之门，学生可利用个人计算机终端，通过事先编制好的学习软件进行自主学习或协作学习，教师可对学生进行监控或个别指导。这种计算机辅助个别化学习的方式是目前多媒体教学应用的另一主要模式。

然后，多媒体推动了网络教学模式的深入研究。网络技术的出现，使用于单个计算机的多媒体课件可以发布到广阔的网络空间，供更多人共享，有时还根据需要开发专门供网络远程教学使用的网络课程。网络远程教学是在师生不在同一时空的背景下发生的，依赖于一定的网络学习平台，学生可以根据自己的需要和当前水平选择不同的学校、不同的教师，在自己合适的时间内进行学习。它通常以个别化学习方式为主，必要时辅以集体学习。

最后，教学媒体的变化是教学模式创新的必要条件，如果教学媒体一成不变，新的教学模式就无从谈起。随着多媒体技术的发展，多媒体已经普遍走进课堂，成为教师上课的好帮手。但是媒体是一把双刃剑，如何做到用而不依，多而不杂，是摆在广大师生面前的一道难题。

第三节　信息化技术对教学工具的影响

工具，英文为 tool，原指工作时所需要的器具，后引申为达到、完成或促进某一事物的手段。当这种器具或手段用于完成某一教学目的时，即为教学工具，如三角板、直尺、漏斗以及教师的教鞭等。

一、教学工具的分类

教学工具的分类方法有很多，如从学科角度，可以分为数学教学工具、物理教学工具和美术教学工具等;从用途角度又可以分为常规教学工具，如黑板、挂图、教鞭等，以及实验教学工具，包括酒精灯、吸管、凸透镜等。大多数学者将教学工具按时间发展来划分，分为传统教学工具和现代教学工具两大类。

（一）传统教学工具

传统教学工具一般是指信息技术广泛应用之前使用的教学工具，又分为模像直观工具（包括模型、挂图、活动图、黑板等）和实物直观工具（包括生物标本、生物化石等）。这些工具是教学中历史最悠久的传统教学工具。它们直观性强，使用方便，经久耐用，经常用于呈现生命体形态结构的知识信息（如细胞亚显微结构）和生命活动过程的知识信息（如光合作用过程），在人类的教育史上曾发挥了巨大的作用。但是，它们表现的图像总是平面的，没有立体效果，不能逼真地反映客观事实，因此现在已经很少被用到。

（二）现代教学工具

现代教学工具一般是指利用信息技术的教学工具，如电子白板、电子绘图器、电子教鞭等都属于现代教学工具。由于这些工具需要信息技术的支持，因此现代教学工具必须用于特定的环境下，一般指多媒体教室。而且要在多媒体计算机上安装特定的软件来支持这些工具的运行。如在多媒体计算机上安装制图工具后，才可以利用其进行绘图等操作。现代教学工具具有传统教学工具无法比拟的优势。利用现代教学工具可以快速地制作出理想的图形图像，可以精确地计算出上万位的数据，可以用很少的时间收集到海量的资源，可以实现师生远距离的交流等。但是由于其对多媒体计算机和相关软件的依赖性，配置这些工具前必须先配置多媒体教室等配套设施，花费较大。另外，如果课堂使用工具过多，会流于花哨，分散学生的注意力，反而不利于学生学习。

总之，传统教学工具与现代教学工具各有其优点，在教学中，教师要进行优化组合，使其扬长避短、物尽其用，从而提高教学水平和教学效率。

二、教学工具的特点

教学工具种类繁多，千差万别，但是在教学中都具有以下特点。

（一）精确性

精确性是教学工具的必要特征，例如量角器、试管、计算器等。教学工具要帮助教师解决问题，而治学必须是严谨的，因此教学工具必须要精确，绝不能因为客观原因任意代替，否则学生就会依葫芦画瓢，影响以后的学习。

（二）直观性

教学工具要辅助教学就不能抽象难懂，而是要直观地表达问题。如果使用教学工具后学生仍然表示难以理解，不知所云，就失去了使用教学工具的意义。例如，用地球仪可以直观地展现我们生活的地球上的国家、山川、湖泊等，用几何画板可以让学生很容易地理解一次函数的性质等。

（三）便捷性

常用的教学工具是服务于课堂教学的，当然要走进课堂。如今，新式教学工具的体积都越来越小，方便教师携带。此外，像音乐课中常使用的钢琴一般在专用的教室安装，不再需要教师和学生搬动。便捷性是教学工具得以广泛推广的重要前提。

（四）可控性

教学工具是学生和教师共同使用的，它的使用应该是学生和教师按照步骤来操作完成的。尤其是当前比较流行的信息化教学工具，其使用是按照事先设定好的程序或者输入的数据来控制的。在整个操作过程中，人还是核心，绝不能让工具代替人的思维和活动。

三、信息技术支撑的教学工具

从广义上来讲，信息技术支撑的教学工具是指围绕教学设计开发的，能够为教和学提供支持与帮助的各类工具，它不仅包括现代的计算机软件类工具，还包括传统的字典、词典等工具书类的工具。从狭义上来讲，信息技术支撑的教学工具就是指围绕学科特点设计和开发的能够为信息化学科教学和学习提供支持与帮助的计算机软件类工具，包括几何画板、仿真实验室等。

教育的信息化必然要求教学方法和手段的信息化，而教学工具的信息化是这两者实现的先决条件。在中小学课堂上，教学过程中和教师备课中常用到信息化教学工具，它们的出现使课堂变得丰富多彩，同时对教师也提出了更高的要求。下面我们就其中几个常用的信息技术支撑的教学工具加以阐释。

（一）信息检索工具——Google、Baidu

网络信息检索是目前人们获取信息最普遍的一种方式。因特网中蕴涵着越来越多有价值的教育资源，这些资源需要使用有效的信息检索工具——搜索引擎来查找和获取。世界上最大的搜索引擎 Google（谷歌）和最大的中文搜索引擎 Baidu（百度）是目前最著名的搜索引擎网站。越来越多的教师经常使用 Google 或 Baidu 来收集教学中所需的各种资料，从而掌握信息的查询方法和技巧。可以说，学会下载或引用网络资源已成为网络时代教师的一项基本功。

（二）教学交流工具——E-mail、QQ、MSN

1. E-mail

E-mail 即电子邮件，是一种非实时的、异步的网络交流工具，它是目前最基本、人们使用最多的网络交流方式。E-mail 通过互联网以电子的格式（如文本、多媒体文件等）将信息发送到收信人的邮箱中，收信人可随时进行读取。E-mail 具有使用方便、传递迅速和费用低廉等优点。E-mail 由于方便快捷，在教育领域的应用日益广泛，成为师生、生生相互交流的一种首选方式。国内使用较多的是 QQ 邮箱、126 邮箱和 163 邮箱，国外则是 Gmail 和 Hotmail 等。

2. QQ、MSN

QQ 和 MSN 都属于网络即时通信工具，它们的功能基本相同。相对于 E-mail，即时通信工具的最大特点是实时、同步地传输信息。教师可以使用 QQ 与同事或学生即时发送和接收信息、进行语音视频面对面聊天，甚至传送文件等。QQ 还具备群组功能，利用这一功能可以建立网络工作小组或专题学习小组，方便多人同时进行交流。即时通信工具方便易用，功能强大，其用户群体正不断扩大，特别是在学生群体中，普及率正在提高。在国外，学生间的交流多用 ICQ，它与 QQ 的功能类似，功能多样，又容易上手。

（三）概念地图

概念地图也称思维地图，是指围绕特定主题创建知识结构的一种视觉化表征，是语义网络的可视化表示方法，是人们将某一领域内的知识元素按其内在关联建立起来的一种可视化语义网络。在知识领域的学习过程中，概念地图以视觉化的形式表现了学习者建立概念之间联系的方式和结果，同时也表现了知识结构的细节变化。概念地图的构成主要包括节点、连线、连接词三个部分。概念地图研究的倡导者诺瓦克开发了一种典型的概念地图模型，其有助于明晰地反映概念地图的结构与特征，对初学者构建自己特定知识的概念地图能起到一种示范和评价参照的作用。

四、工具变化与教学模式创新

与之前提到的环境变化和媒体变化相比，工具的变化是最快的，有的软件经过改造和重组即可作为新的教学工具服务于教育，而这或许只需要几天甚至是更短的时间。

因此，它对教学模式的作用最频繁，影响也最直接。现在广泛使用的信息技术支撑的教学工具，更是对教学模式的创新，影响深远。

首先，工具变化推动了新型教学模式的产生。例如，几何画板的出现直接推动了“基于几何画板的数学教学模式”的产生，包括创设情境、提出问题、解决问题和综合运用。可见，一种工具就可以推动一种或几种新模式的产生，而这并不是必然的，是由这种工具的性质所决定的。例如，几何画板不仅可以创设情境，激发学生的学习兴趣，使枯燥、抽象的数学概念变得直观、形象，还能培养学生的发散思维和直觉思维等。几何画板正是有了这样强大的功能，才能推动模式的形成。

其次，工具变化是对原有教学模式的完善和补充。例如，在协作学习模式中，教师和学生利用 QQ、MSN 等交流工具发布信息，有的学生因为没有及时在线而失去了和其他人讨论的机会。而 Blog 的出现弥补了这一不足，教师将教学资料和课后作业等在 Blog 中发布后，学生可以根据自己的时间去下载，不再受时间的束缚。教师要善于发掘工具变化对原有教学模式的补充点，真正发挥教学工具的作用。

总之，工具变化是促进教学模式创新的有力手段，它可以促成新教学模式的诞生，也可以辅助原有教学模式变得更完整和流畅。但是，教师不能一味地使用教学工具，而要去发掘工具背后的教学理论、教学策略和教学模式等深层次的问题。

第六章　信息化环境下教学模式创新与课程整合

信息化是当今世界经济和社会发展的大趋势，以多媒体和网络技术为核心的信息技术已成为拓展人类能力的创造性工具。信息技术与课程整合是我国面向 21 世纪基础教育改革的新视点，是与传统的学科教学有着密切联系和继承性，又具有一定相对独立性特点的新型教学类型。对它的研究与实施将对发展学生主体性、创造性和培养学生创新精神及实践能力具有重要意义。

第一节　信息技术与课程整合概述

信息技术与课程整合意味着在已有课程的学习活动中结合使用信息技术，以便更好地完成课程目标、培养创新精神和锻炼实践能力，只有通过信息技术在各学科教学中的有效应用，真正实现信息技术与课程的有效整合并取得显著成效，才有可能促进教育的改革与发展。

一、信息技术与课程整合的发展历程

自 1959 年美国 IBM 公司研发出第一个计算机辅助教学系统以来，信息技术与课程整合大体上经历了以下三个发展阶段。

1. 计算机辅助教学（computer—assisted instruction，CAI）阶段

这个阶段大约从 20 世纪 50 年代末至 20 世纪 80 年代中后期，是信息技术教育应用的第一个发展阶段。该阶段主要是利用计算机的快速运算、图表动画和仿真等功能，辅助教师解决教学中的某些重点、难点，CAI 课件大多以演示为主。

2. 计算机辅助学习（computer—assisted learning，CAL）阶段

这个阶段大约从 20 世纪 80 年代中后期至 20 世纪 90 年代中后期。该阶段逐步从以教为主转向以学为主，也就是强调利用计算机作为辅助学生学习的工具。例如，用计算机帮助收集资料、辅导自学、讨论答疑、帮助安排学习计划等，即不仅用计算机辅助教师的教，更强调用计算机辅助学生的学。

3. 计算机与课程整合（integrating information technology into the curriculum，IITC）阶段

这个阶段大约是从 20 世纪 90 年代中后期开始，该阶段不仅将以计算机为核心的信息技术用于辅助教或辅助学，更强调要利用信息技术创建理想的学习环境、全新的学习方式和教学方式，从而彻底改变传统的教学结构与教育本质。

二、信息技术与课程整合的含义

信息技术是指信息产生、加工、传递、利用的方法和技术。信息技术包括计算机技术、网络技术、微电子技术、通信技术等。信息技术条件下的教学手段以多媒体计算机和网络为代表。整合是指一个系统内各要素的整体协调、相互渗透，使系统各要素发挥最大效益。信息技术与课程整合就是在各学科教学中，有效地使用信息技术，以达到提高教育质量和学习效率的目的。

目前，对于信息技术与课程整合概念的界定，不同的研究者从不同的视角提出了各自的看法，主要有以下几种观点。

华南师范大学的李克东教授认为：信息技术与课程整合是指在教学过程中把信息技术、信息资源、信息方法、人力资源和课程内容有机结合，共同完成课程教学任务的一种新型的教学方式。整合的三个基本点：一是要在以多媒体和网络为基础的信息化环境中实施课程教学活动；二是对课程教学内容进行信息化处理后成为学习者的学习资源；三是利用信息化加工工具让学生进行知识重构。

北京师范大学的何克抗教授认为，所谓信息技术与学科课程的整合，就是通过将信息技术有效融合于各学科的教学过程来营造一种新型教学环境，实现一种既能发挥教师主导作用又能充分体现学生主体地位的以“自主、探究、合作”为特征的教与学方式，从而把学生的主动性、积极性、创造性充分发挥出来，使传统的以教师为中心的课堂教学结构发生根本性变革，从而使学生的创造精神与实践能力的培养真正落到实处。整合的三个基本属性包括：营造新型教学环境、实现新的教与学方式、变革传统教学结构。

三、信息技术与课程整合的特点

信息技术与课程整合的最基本特点包括：有先进的教育思想、有教学理论的指导、学科交叉性和立足于能力的培养。具体表现在以下几个方面。

1. 任务驱动式的教学过程

信息技术与课程整合以各种各样的主题任务进行驱动教学，有意识地开展信息技术与其他学科（甚至多学科）相联系的横向综合教学。例如，目前的网络游戏，玩家刚进去玩的时候，一般会被要求做一系列的新手任务，等完成这些新手任务后，该游戏的基本操作也就差不多学会了。可以说，这也是教育技术在游戏中的体现。所以学生在完成任务的同时，也就完成了学习目标所要求掌握的知识和技能。

2. 信息技术作为教师、学生的基本认知工具

在信息技术与课程整合中，强调信息技术服务于学科的内在需求，服务于具体的

任务。信息技术作为认知工具主要有以下几个方面的作用：作为课程学习的资源工具；作为情境探究和发现的学习工具；作为协商学习和交流讨论的通信工具；作为知识构建和创作的实践工具；作为自我评价和学习的反馈工具。通过信息技术与课程整合，可以将信息技术恰当地融入课程的教学与学习中，成为教师和学生的基本认知工具。

3. 能力培养和知识学习相结合的教学目标

信息技术与课程整合要求学生学习的重心不再仅仅是学会知识，而是学会学习、掌握方法和培养能力，包括培养学生的信息素养。强调能力的培养也是我国新课程改革的重中之重，即要求教师在教会学生知识的同时注重学生能力的培养，所以现在新课程改革的教材和示范课有些内容或程序总让人觉得画蛇添足，但其实这都是学生能力培养所必要的、必需的，这也需要广大教育工作者的认真落实。

4. “教师为主导、学生为主体”的教学结构

在信息技术与课程整合的教学结构中，强调学生的主体性，要求充分发挥学生在学习过程中的主动性、积极性和创造性。学生被看作知识建构过程的积极参与者，学习的各项任务和目标都需要靠学生主动、有目的地获取材料来完成和实现。教师是教学过程的组织者、指导者、促进者和咨询者，教师的主导作用可以使教学过程更加优化，是教学活动的重要组成部分。

5. 个别化学习和协作学习的和谐统一

信息技术能够为我们提供一个开放性的实践平台，使每一位学生在这个平台上可以采用不同的方法、工具来完成同一个任务。这种个别化教学策略对发挥学生的主动性和进行因人而异的学习是很有帮助的。社会化大生产的发展，要求人们具有协同工作的精神，除此之外，一些高级认知任务，如复杂问题的解决、作品评价等，都要求多个学生能对同一问题发表不同的观点，协作完成任务。

四、信息技术与课程整合的目标与原则

信息技术与课程整合强调信息技术要服务于课程，应用于教育。其出发点首先应当是课程，而不是技术，强调应当设法找出信息技术在哪些地方能增强学习的效果，能使学生完成那些用其他方法难以做到的事，在高水平地完成既定的课程教学目标的同时，获取信息技术技能以及解决实际问题的技能。

（一）信息技术与课程整合的目标

信息技术与课程整合不是某个教师的个人行为，而是网络时代教育改革、发展的必然要求。基于信息时代教育变革的这一契机，信息技术与课程整合的目标必然是多元化的，主要有以下几个方面。

1. 培养学生具有终身学习的态度和能力

学习资源的全球共享，虚拟课堂、虚拟学校的出现，现代远程教育的兴起，使人们可以随时随地通过互联网进行学习，学习空间变得无围墙界限。教育信息化还为人们从接受一次性教育向终身学习转变提供了机遇和条件。终身学习就是要求学习者能

根据社会和工作的需求，确定继续学习的目标，并有意识地自我计划、自我管理、自主努力，通过多种途径实现学习目标的过程。

要实现终身教育和终身学习，教育必须进行深刻的变革：要使教学个性化、学习自主化、作业协同化；要把培养学生学会学习、培养学生具有终身学习的态度和能力作为培养目标。

2. 培养学生具有良好的信息素养

教育信息化为终身学习带来了机遇，但只有学生具备良好的信息素养，才能把终身学习看成自己的责任，才能利用信息技术促进自身的学习。信息技术与课程整合正是培养学生形成所有这些必备技能和素养的有效途径。

信息科学知识和信息能力的四个方面。

（1）信息意识与情感。信息意识是整个信息素养的前提，是指个体对信息的敏感度。这要求个体具有敏锐的感受力和持久的注意力，能够意识到信息的作用，对信息有积极的内在需求。作为信息素养的重要组成部分，“信息意识”主要包括敢用与想用两个方面；而信息情感则更加偏向于对使用信息技术的态度和兴趣方面。

（2）信息道德。信息道德是把握个体信息素养的方向，在信息活动中不得危害社会或侵犯他人的合法权益。

（3）信息科学知识。信息科学知识是个体具有信息素养的基础，是指对信息学的了解和对信源以及信息工具知识的掌握。

（4）信息能力。信息能力从狭义上来说，是指个体对信息系统的使用以及获取、分析、加工、评价、创造、传递信息的能力；从广义上来讲，除上述能力以外，还应该包含语言能力、思维能力、观察能力、判断能力等间接能力。广义上所讲的间接能力是在对信息收集、加工、评价、创造和传递的全过程中间接地表现出来的，起着必不可少的支持作用。

3. 培养学生掌握信息时代的学习方式

在信息化学习环境中，人们的学习方式发生了重要的变化。信息技术与课程整合，其实质就是要让学生学会数字化学习。数字化学习具有三个要素：数字化学习环境、数字化学习资源和数字化学习方式。学习者的学习主要不是依赖教师的讲授与课本的学习，而是利用信息化平台和数字化资源，教师、学生之间开展协商讨论、合作学习，并通过收集利用资源、探究知识、发现知识、创造知识、展示知识等方式进行学习。因此，通过信息技术与课程整合，要使学生掌握以下几点信息时代的学习方式。

（1）会利用数字化资源进行学习。

（2）学会在数字化情境中进行自主的学习。

（3）学会利用网络通信工具进行协商交流、合作讨论式的学习。

（4）学会利用信息加工工具和创作平台，进行实践创造的学习。

（二）信息技术与课程整合的原则

信息技术与课程整合，是将信息技术有机地融合在各学科教学过程中。但整合不等于混合，在利用信息技术之前，教师要清楚信息技术的优势和不足，并了解学科教学的需求。在整合过程中，教师要设法找出信息技术在哪些地方能提高学习的效果，从而使学生用信息技术来完成那些用其他方法做不到或做得不好的学习任务。

1. 运用适合的学习理论指导课程整合的实践

现代学习理论为信息技术与课程整合奠定了坚实的理论基础，在教与学的层面上，每一种理论都具有其正确性的一面。但是，在教学实践中，没有一种理论具有普适性，无论哪一个理论都不能替代其他理论而成为唯一的指导理论。

行为主义学习理论，在对需要机械地记忆知识或具有操练和训练教学目标的学习中凸显出来。

认知主义学习理论的指导作用，主要体现在激发学生的学习兴趣、控制和维持学生的学习动机上。

建构主义学习理论，提倡给学生提供建构理解所需要的环境和广阔的建构空间，让学生自主、发现式地学习。如利用信息技术进行适当的内容重复，帮助学生记忆知识。通过信息技术设置情境，让学生便于意义建构。

2. 根据学科特点构建整合的教学方法

每个学科都有其固有的知识结构和学科特点，它们对学生的要求也是不同的。

语言教学是培养学生应用语言的能力，主要训练学生在不同的场合，正确、流利地表达自己的思想，更好地与别人交流的能力。

数学属于逻辑经验学科，主要由概念、公式、定理、法则以及应用问题组成，教学的重点应该放在开发学生的认知潜能上。

物理和化学，是与人们的生产、生活密切相关的学科，在教学中，要注意对学生的观察能力、解决问题的能力和做实验的能力的培养。如果需要培养学生的操作能力，那么用计算机的模拟实验全部代替学生的动手实验，将会违背学科的特点，背离教学目标中对学生动手能力的培养。

3. 根据教学对象选择整合策略

信息技术与课程整合应该根据不同的教学对象，实施多样性、多元化和多层次的整合策略。对于学习类型和思维类型不同的人来说，他们所处的学习环境和所选择的学习方法将直接影响其学习效果。例如，有的学生不能主动地对外来信息进行加工，喜欢有人际交流的学习环境，需要明确的指导和讲授；而有的学生在认知活动中，则更愿意独立学习，进行个人钻研，更能适应结构松散的教学方法或个别化的学习环境。

五、信息技术与课程整合的方法

（一）信息技术与课程整合的基本要求

信息技术与课程整合是一种信息化的学习方式，其根本宗旨是要培养学习者能够在信息化的环境中，利用信息技术完成课程学习的目标并学会进行终身学习的本领。因此，学校信息技术与课程整合的组织教学模式和策略的研究十分重要。信息技术与课程整合，应符合如下基本要求。

（1）学习是以学生为中心的，学习是个性化、能满足个体需要的。

（2）学习是以问题或主题为中心的。

（3）学习过程是进行通信交流的，学习者之间是协商的、合作的。

（4）学习是具有创造性和生产性的。

（二）信息技术与课程整合的策略

为了达到上述提到的信息技术与课程整合的基本要求，信息技术与课程整合的基本策略必须包括以下几个方面。

（1）利用信息化学习环境和资源创设情境（包括自然、社会、文化等各种问题情境以及虚拟实验环境），培养学生的观察、思维能力。

（2）利用信息化学习环境和资源，借助人机交互技术和参数处理技术，建立虚拟学习环境，培养学生积极参与、不断探索的精神和科学的研究方法。

（3）利用信息化学习环境和资源，组织协商活动，培养合作学习精神。

（4）利用信息化学习环境和资源，创造机会，让学生运用语言、文字表述观点、思想，形成个性化的知识结构。

（5）利用信息化学习环境和资源，借助信息工具平台，尝试创造性实践，培养学生信息加工处理和表达交流的能力。

（6）利用信息化学习环境和资源，提供学习者自我评价、反馈的机会。通过形成性练习、作品评价方式获得学习反馈，调整学习的起点和路径。

第二节 信息技术与课程整合的理论

信息技术与课程整合是信息技术教育应用发展的新历史阶段，也是教育教学领域的一场深刻革命，更是深化学科教学改革的根本途径。但是如果信息技术与课程整合不能在科学的理论指导下进行，有效的整合是难以实现的。笔者认为，建构主义理论、多元智能理论和混合式学习理论对目前指导信息技术与课程整合实践活动具有重要的理论指导意义。

一、建构主义学习理论

虽然一般认为，建构主义的理论基础是在半个世纪以前由皮亚杰和维果斯基等学者奠定的，但是这种理论开始在世界范围内流行，并产生日益扩大的影响，还是 20 世纪 90 年代以后的事情。建构主义的兴起是与多媒体和网络技术（尤其是 Internet）的逐步普及密切相关的。正是多媒体与网络技术为建构主义所倡导的理想学习环境提供了强大的物质支持并使其得以实现，由此建构主义理论才走出心理学家的“象牙塔”，开始进入各级各类学校的课堂，成为支持多媒体与网络教学以及“信息技术与学科课程整合”的重要理论基础。

（一）建构主义理论概述

当今建构主义的一些基本思想实际上并非全新的观点，其中的很多思想都有着深厚的哲学和心理学根基。早在18世纪文艺复兴时期，意大利哲学家、人文主义者詹巴蒂斯塔・维柯在他的《新科学》一书中就明确提出了“建构”的思想，指出人们只能清晰地理解他们自己建构的一切。但是真正对建构主义思想的形成、发展产生深远和深刻影响的当推瑞士心理学家皮亚杰和苏联心理学家维果斯基。

皮亚杰是认知发展领域最有影响的一位心理学家，他所创立的关于儿童认知发展的学派被人们称为“日内瓦学派”。皮亚杰的理论充满唯物辩证法，他坚持从内因和外因相互作用的观点来研究儿童的认知发展。他认为，儿童是在与周围环境相互作用的过程中，逐步建构起关于外部世界的知识，从而使自身认知结构得到发展。儿童与环境的相互作用涉及两个基本过程——同化与顺应。同化是指把外部环境中的有关信息吸收进来并结合到儿童已有的认知结构（也称“图式”）中，即个体把外界刺激所提供的信息整合到自己原有认知结构内的过程；顺应是指外部环境发生变化，而原有认知结构无法同化新环境提供的信息时所引起的儿童认知结构发生重组与改造的过程，即个体的认知结构因外部刺激的影响而发生改变的过程。可见，同化是认知结构数量的扩充（图式扩充），而顺应则是认知结构性质的改变（图式改变）。认知个体（儿童）就是通过同化与顺应这两种形式来达到与周围环境的平衡的：当儿童能用现有图式去同化新信息时，他处于一种平衡的认知状态；而当现有图式不能同化新信息时，平衡即被破坏，而修改或创造新图式（顺应）的过程就是寻找新的平衡的过程。儿童的认知结构就是通过同化与顺应过程逐步建构起来的，并在“平衡—不平衡—新的平衡”的循环中得到不断的丰富、提高和发展。这就是皮亚杰关于建构主义的基本观点。

在皮亚杰建构主义理论的基础上，科尔伯格在认知结构的性质与发展条件等方面做了进一步的研究；斯腾伯格和卡茨等人则强调个体的主动性在建构认知结构过程中的关键作用，并对认知过程中如何发挥个体的主动性做了认真的探索；维果斯基创立的“文化历史发展理论”则强调认知过程中学习者所处社会文化历史背景的作用，在此基础上以维果斯基为首的维列鲁学派深入地研究了“活动”和“社会交往”在人的高级心理机能发展中的重要作用。所有这些研究都使建构主义理论得到进一步的丰富和完善，为其实际应用于教学过程创造了条件。

国外对建构主义思想的集中研究大约始于20世纪80年代后期。1989年年末美国佐治亚大学教育学院邀请国内研究建构主义的若干著名学者围绕“教育中的新认识论”问题组织讨论，从不同角度对传统认识论提出质疑，并由此形成了有关认识与学习的六种不同的建构主义流派：激进建构主义、社会建构主义、社会文化认知观、社会建构论、信息加工建构主义和控制论系统观。尽管建构主义流派纷呈，但总体上它们是与客观主义相对立的一种认识论，其最核心的观点是：人类的知识是主观建构的而不是客观存在继而被发现的。

（二）建构主义学与教的理论

建构主义学习理论强调以学生为中心，不仅要求学生由外部刺激的被动接受者和知识的灌输对象转变为信息加工的主体、知识意义的主动建构者，而且要求教师由知识的传授者、灌输者转变为学生主动建构意义的帮助者、促进者和引导者。可见在建构主义学习环境下，教师和学生的地位、作用和传统教学相比已发生了很大变化。

1. 关于学习的含义

建构主义学习理论认为，知识不是通过教师传授得到的，而是学习者在一定的情境即社会文化背景下，借助教师和学习伙伴等其他人的帮助，即通过人际协作活动，利用必要的学习资料，通过意义建构的方式而获得的。“情境”“协作”“会话”“意义建构”是学习环境中的四大要素。学习中的“情境”必须有利于学生对所学内容的意义建构，“协作”发生在学习过程的始终，“会话”是协作过程中不可缺少的环节，“意义建构”是整个学习过程的最终目标。

（1）情境。学习环境中的情境必须有利于学生对所学内容的意义建构。这就对教学设计提出了新的要求，也就是说，在建构主义学习环境下，教学设计不仅要考虑教学目标分析，还要考虑有利于促进学生意义建构的情境创设问题，并把情境创设看作教学设计的最重要内容之一。

（2）协作。协作发生在学习过程的始终。协作对学习资料的收集与分析、假设的提出与验证、学习成果的评价直至意义的最终建构均有重要作用。

（3）会话。会话是协作过程中不可缺少的环节。学习小组成员之间必须通过会话商讨如何完成规定的学习任务和计划。此外，协作学习过程也是会话过程，在此过程中，每个学习者的思维成果（智慧）为整个学习群体所共享，因此会话是达到意义建构的重要手段之一。

（4）意义建构。这是整个学习过程的最终目标。所谓意义建构是指认识事物的性质、规律以及事物之间的内在联系。在学习过程中帮助学生意义建构就是要帮助学生对当前学习内容所反映的事物的性质、规律以及该事物与其他事物之间的内在联系达到较深刻的理解。这种理解在大脑中的长期存储形式就是前面提到的“图式”，也就是关于当前所学内容的认知结构。

由以上所述的“学习”的含义可知，学习的质量是学习者意义建构能力的函数，而不是学习者重现教师思维过程能力的函数。换句话说，获得知识的多少取决于学习者根据自身经验去建构有关知识意义的能力，而不取决于学习者记忆和背诵教师讲授内容的能力。

2. 关于学习的方法

建构主义提倡在教师指导下的、以学习者为中心的学习，也就是既强调学习者的认知主体作用，又不忽视教师的指导作用，教师是意义建构的帮助者、促进者，而不只是传授者和灌输者，学生是信息加工的主体，是意义的主动建构者，而不是外部刺激的被动接受者。

学生要成为意义的主动建构者，就要在学习过程中从以下三个方面发挥主体作用。

（1）要用探索法、发现法去建构知识的意义。

（2）在意义建构过程中要求学生主动去收集并分析有关的信息和资料，对所学习的问题要提出各种假设并努力加以验证。

（3）要把当前学习内容所反映的事物尽量和自己已经知道的事物相联系，并对这种联系加以认真思考。

教师要成为学生意义建构的帮助者，就要在教学过程中从以下三个方面发挥指导作用。

（1）激发学生的学习兴趣，帮助学生形成学习动机。

（2）通过创设符合教学内容要求的情境和提示新旧知识之间联系的线索，帮助学生建构当前所学知识的意义。

（3）为使意义建构更有效，教师应在可能的条件下组织协作学习，并对协作学习过程进行引导，使之朝着有利于意义建构的方向发展。

3. 建构主义学习理论的主要观点

建构主义在知识观、学生观和学习观等方面提出了一系列新的解释，对当前的教学改革具有重要的启发意义。

（1）建构主义的知识观。建构主义在一定程度上，对知识的客观性和确定性提出了质疑。建构主义者（特别是其中的激进者）一般强调，知识并不是对现实的准确表征，它只是一种解释、一种假设，并不是问题的最终答案，相反，它会随着人类的进步而不断地被“革命”掉，并随之出现新的假设；而且，知识并不能精确地概括世界的法则，在具体问题中，我们并不是拿来便用、一用就灵，而是需要针对具体情境进行再创造。因此，老师并不是知识的“权威”，课本也不是解释现实的“模板”。另外，建构主义认为，知识不可能以实体的形式存在于具体的个体之外，尽管我们通过语言符号赋予了知识一定的外在形式，甚至这些命题还得到了较普遍的认可，但这并不意味着学习者会对这些命题有同样的理解，因为这些理解只能由个体学习者基于自己的经验背景而建构起来，这取决于特定情境下的学习历程。总之，尽管建构主义有不同倾向，但它们都以不同的方式，在某种程度上对知识的客观性、可靠性和确定性提出了怀疑，尽管这种知识观过于激进，但它向传统的教学和课程理论提出了巨大挑战，使我们对知识的本质有了更多维的了解。

（2）建构主义的学生观。建构主义强调学生经验世界的丰富性，强调儿童的巨大潜能。在日常生活和以往的学习中，他们已经形成了丰富的经验，小到身边的衣食住行，大到宇宙、星体的运行，从自然现象到社会生活，他们几乎都有一些自己的看法。有些问题即便他们还没有接触过，没有现成的经验，但当问题一旦呈现在面前，他们往往也可以基于相关的经验，依靠他们的认知能力（理智），形成对问题的某种解释，这并不都是胡乱猜测，而是从他们的经验背景出发推理出的合乎逻辑的假设。

建构主义者强调学生体验世界的差异性，每个人在自己的活动和交往中都形成了自己个性化的、独特性的经验，每个人都有自己的兴趣和认知风格，所以，在具体问题面前，每个人都会基于自己的经验背景形成自己的理解，每个人的理解往往都着眼于问题的不同侧面。

教学不能无视学生的先前经验，一味从外部引进新知识，而是要把学生现有的知识经验作为新知识的生长点，引导他们从原有的知识经验中“生长”出新的知识经验。教学不是知识的传递（transmission），而是知识的处理（transaction）和转换（transformation）。教师不单单是知识的呈现者，他应该重视学生自己对各种现象的理解，倾听学生现在的想法，洞察学生这些想法的由来，以此为根据，引导学生丰富或调整自己的理解。这不是简单的“告诉”就能奏效的，而是需要与学生共同针对某些问题进行探索，并在此过程中相互交流和质疑，了解彼此的想法，彼此做出某些调整。由于经验背景的差异，学习者对问题的理解常常各异，学习者可以在一个学习社群之中相互沟通、相互合作，形成对问题的丰富的、多角度的理解。因此，学习者的差异本身便构成了一种宝贵的学习资源。

（3）学习的建构性。建构主义认为，学习不是知识由教师向学生的传递，而是学生建构自己的知识的过程。学习者不是被动的信息吸收者，相反，他要主动地建构信息的意义，这种建构不可能由其他人代替。建构主义充分强调了学习的主动性，强调了学习者以原有知识经验为基础所进行的意义建构，这是当前学习理论的一种重要倾向。

什么是建构呢？“建构”一词本来用于建筑或木器加工中，指为了某种目的而把已有的零件、材料制成某种结构。在这里，“建构”是指学习者通过新旧知识经验之间反复的、双向的相互作用，形成和调整自己的经验结构。在这种建构过程中，一方面，学习者对当前信息的理解需要以原有的知识经验为基础，超越外部信息本身；另一方面，对原有知识经验的运用又不只是简单地提取和套用，个体同时需要依据新经验对原有经验本身做出某种调整和改造，从而实现知识的内化。

学习的实质是学习者通过新旧知识经验之间双向的相互作用来形成、充实或改造自己的经验体系的过程。这种观点与以往的学习理论有所不同。学习是个体建构自己的知识的过程，这意味着学习是主动的，学习者不是被动的刺激接受者，他要对外部信息进行主动的选择和加工，因而不是行为主义所描述的S-R过程。而且，知识或意义也不是简单由外部信息决定的，意义是学习者通过新旧知识经验间反复的、双向的相互作用过程而建构成的。其中，每个学习者都以自己原有的经验系统为基础对新的信息进行编码，建构自己的理解，而且，原有知识又因为新经验的进入而发生调整和改变，所以学习并不单是信息量的积累，它同时包含由于新旧经验的冲突而引发的观念转变和结构重组，学习过程并不单是信息的输入、存储和提取，而是新旧经验之间双向的相互作用过程。因此，建构主义又与认知主义的信息加工论有所不同。

（4）协作与会话。以往的学习理论主要研究的是“个体化”的学习，即学习是在个体身上发生的、以个体活动形式完成的。受维果斯基的影响，建构主义者强调社会性互动（协作、讨论、协商、争辩等）在学习中的重要意义，可以说，这也是学习理论的一种重要倾向。

建构主义认为，每个学习者都有自己的经验世界，不同的学习者可以对某种问题形成不同的假设和推论，而学习者可以通过相互沟通和交流、相互争辩和讨论，合作完成一定的任务，共同解决问题，从而形成更丰富、更灵活的理解。同时，学习者可以与教师、学科专家等展开充分的沟通。这种社会性相互作用可以为知识建构创设一个广泛的学习社群（learning community），从而为知识建构提供丰富的资源和积极的支持。

（5）学习的情境性。传统教学对学习基本持“去情境”的观点，认为知识一旦从具体情境中抽象出来，成为概括性的知识，它就具有了与情境的一致性，反映了具体情境的“本质”。因此，对这些概括性知识的学习可以独立于现场情境进行，而学习的结果可以自然地迁移到各种真实情境中。然而，情境总是具体的、千变万化的，各种具体情境之间并没有完全普适的法则。因此，抽象概念、规则的学习往往无法灵活适应具体情境的变化，学习者常常难以用学校获得的知识解决现实世界中的真实问题。

布朗（J.S.Brown）等提出了“情境性学习”（situated learning）的概念。他们认为，传统教学暗含了这样一种假定，即概念性的知识可以从情境中抽象出来，因此，概念表征成了教学的中心。而实际上，这种假定恰恰极大程度地限制了教学的有效性。他们认为，在非概念水平上，活动和感知比概括化具有更为重要的认识论意义上的优越性，所以，人们应当把更多的注意力放在具体情境中的活动和感知上。布朗等人提出了“认知学徒模型”（cognitive apprenticeship），试图借鉴某些行业中师傅带徒弟的有效传艺活动，通过一些与这种传艺方式相类似的活动和社会交往形式，使学生适应真实的实践活动。他主张通过在真正的现场活动中获取、发展和使用认知工具，以进行特定领域的学习，强调要把学习者和实践世界联系起来。可以说，情境性学习的观点突出了学习的具体性和非结构性的一面，是对布鲁纳等结构主义观点的扬弃。

与情境性学习相一致，建构主义者在教学中强调把所学的知识与一定的真实任务（authentic task）情境挂钩，如医学中的具体病理、经营管理中的实际案例等，让学生合作解决情境性的问题。情境性教学具有以下特点。首先，学习的任务情境应与现实情境相类似，以解决学生在现实生活中遇到的问题为目标。学习的内容要选择真实性任务，不能对其做过于简单化的处理，使其远离现实的问题情境。由于具体问题往往都同时与多个概念理论相关，所以，研究者主张弱化学科界限，强调学科间的交叉。其次，教学的过程与现实的问题解决过程相类似，所需要的工具、资料往往隐含于情境当中，教师并不是将提前已准备好的内容教给学生，而是在课堂上展示出与现实中专家解决问题相类似的探索过程，提供解决问题的范式，并指导学生的探索。最后，情境性教学需要进行与学习过程相一致的情境化的评估（context-driven evaluation），或者融合于教学过程之中的融合式测验（integrated test），在学习中对具体问题的解决过程本身就反映了学习的效果。

4. 建构主义的教学观

从建构主义学习观引申出来的教学原则强调教学不单单是把知识经验装到学生的头脑中，而是要通过激发和挑战其原有知识经验，提供有效的引导、支持和环境，帮助学生在原有知识经验的基础上建构起新的知识经验。不同于基于行为主义和认知主义的教学，基于建构主义学习理论的教学具有以下特点。

（1）设计真实的、复杂的任务或问题。

（2）提供方法的引导和支持。

（3）创设开放的、内容丰富的、挑战性的学习环境。

（4）创建互动、合作的学习共同体。

（5）强调整体性教学。

由以上可见，建构主义的教学方法尽管有多种不同的形式，但是又有其共性，即它们的教学环节中都包含有情境创设、协作学习，在协作、讨论过程中当然还包含“对话”，并在此基础上由学习者自身最终完成对所学知识的意义建构。

综上所述，建构主义强调知识的动态性，强调学习者经验世界的丰富性和差异性，强调学习的建构性、社会性和情境性。当然，以上各种倾向变化并不是机械的、绝对化的，而是在处理学习活动中的各种矛盾关系时所出现的重心变化。在批判传统教学观的弊端时，建构主义在一些维度上也走向了极端。但它强调知识的动态性，强调学习是一个主动建构的过程，强调学习的社会性和情境性，试图实现学习的广泛而灵活的迁移，这些观点对转变教学观念、改革传统教学具有重大意义。基于这些观点，建构主义者提出了一系列具有建构性特征的教学模式，如抛锚式教学模式、支架式教学模式、随机通达式教学模式、基于问题的学习（problem-based learning）和基于项目的教学（project-based instruction）等。

建构性学习和教学旨在使学习者对知识形成真正的、深层的、灵活的理解，为此，教师需要就学习内容设计出有思考价值的、有意义的问题，引导学生通过持续的概括、分析、推论、假设、检验等高级思维活动，建构起与此相关的知识。在此过程中，教师要更多地帮助学习者对自己的学习策略、理解状况，以及见解的合理性等进行监视和调节。为了促进学习者的知识建构，教师要创设平等、自由、相互接纳的学习气氛，在教师—学生以及学生—学生之间展开充分的交流、讨论、争辩和合作，教师要耐心地聆听学生的想法，以便提供有针对性的引导。另外，教师要为学生设计情境性的、多样化的学习情境，要帮助学生利用各种有力的建构工具来促进自己的知识建构活动。建构性教学更可能突破传统教学的局限，一方面使学生建构起真正的、灵活的知识，提高理智的自主性和批判性；另一方面可以促进他们解决问题能力的发展，并在问题的发现与解决中不断发展他们的求知欲和求知能力。在这样的视野之下，现代教育技术所能提供的不仅是传输信息的媒体，而且是促进学生认知建构的思维工具，是一个促进合作性知识建构的、动态的、开放的学习环境和学习平台。

二、多元智能理论

多元智能理论是目前在世界教育领域里被广泛传播并对当前各国教育改革产生重要影响的理论。该理论之所以能够在国际教育界得到迅速广泛的传播和接受，一个重要的原因在于它的基本思想符合当前教育改革的主导思想，为帮助教育实践者进一步充分认识和发挥每个学生的潜在能力，提供了一个新颖的有力的理论依据。现代信息技术不仅为信息技术与课程整合的开展提供了基础，同时也为学生多元智能的发展提供了有力支持。

（一）多元智能简介

霍华德·加德纳（Dr.Gardner）对人类认知能力的发展进行了多年的研究，他认为人的智能是多元的。在 1983 年出版的《智力的结构：多元智能理论》一书中，加德纳定义了最初的七种智能，1996 年，他又增加了一种智能——自然观察者智能，两年后，又讨论了第九种智能（存在智能）存在的可能性。下面，我们来了解一下加德纳提出的九种智能的主要内涵。

1. 言语 / 语言智能（verbal/linguistic intelligence）

言语 / 语言智能包括各种和语言相关的形式——听、说、读、写和交流的能力，指人对语言的掌握和灵活运用的能力，表现为个人能顺利而有效地利用语言描述事件、表达思想并与他人交流。演说家、律师等都是语言智能较高的人。

2. 逻辑 / 数理智能（logical/mathematical intelligence）

逻辑 / 数理智能指的是对逻辑结构关系的理解、推理、思维表达能力，主要表现为个人对事物间各种关系如类比、对比、因果和逻辑等关系的敏感，以及通过数理进行运算和逻辑推理等。科学家、数学家或逻辑学家就是此类智能高的人。

3. 视觉 / 空间智能（visual/spatial intelligence）

视觉 / 空间智能指的是人对色彩、形状、空间位置等要素的准确感受和表达能力，表现为个人对线条、形状、结构、色彩和空间关系的敏感，以及通过图形将它们表现出来的能力，如海员和飞机导航员控制着巨大的空间世界，棋手和雕刻家具有表现空间世界的能力。空间智能可用于艺术或科学中，如果一个人空间智能高且倾向于艺术，就可能成为画家、雕刻家或建筑师。

4. 音乐 / 节奏智能（musical/rhythmic intelligence）

音乐 / 节奏智能指的是个人感受、辨别、记忆、表达音乐的能力，表现为个人对节奏、音调、音色和旋律的敏感，以及通过作曲、演奏、歌唱等形式来表达自己的思想或情感。这种智能在作曲家、歌唱家、演奏家等人身上表现得特别明显。

5. 身体 / 运动智能（bodily/kinesthetic intelligence）

身体 / 运动智能指的是人身体的协调、平衡能力和运动的力量、速度、灵活性等，表现为用身体表达思想感情的能力和动手的能力，最典型的就是从事体操或表演艺术的人。

6. 人际交往智能（interpersonal intelligence）

人际交往智能指的是对他人的表情、说话、手势动作的敏感程度，以及对此做出有效反应的能力，表现为个人觉察、体验他人的情绪、情感并做出适当的反应。对于教师、临床医生、推销员或政治家来说，这种智能尤为重要。

7. 内省智能（intrapersonal intelligence）

内省智能指的是个体认识、洞察和反省自身的能力，表现为个人能较好地意识和评价自身的动机、情绪、个性等，并且有意识地运用这些信息去调适自己生活的能力。这种智能在哲学家、小说家、律师等人身上有比较突出的表现。

8. 自然观察者智能（naturalist intelligence）

自然观察者智能指的是人们辨别生物（植物和动物）以及对自然世界（云朵、石头等）的其他特征敏感的能力。这种智能在人类进化过程中显然是很有价值的，如狩猎、采集和种植等，同时这种智能在植物学家和厨师身上也有重要的体现。

9. 存在智能（existence intelligence）

存在智能指的是陈述、思考有关生与死、身体与心理世界的最终命运的倾向性。例如，人为何要到地球上来、在人类出现之前地球是怎样的、在另外的星球上生命是怎样的，以及动物之间是否能相互理解等。

加德纳认为，传统的教育比较重视前两个方面的智能，但实际上每个学生都在不同程度上拥有上述九种基本智能，智能之间的不同组合表现出个体间的智能差异，因此应该平等关注每一个学生。教育的起点不在于一个人有多么聪明，而在于怎样变得聪明，在哪些方面变得聪明。教育不是为了发现谁是学习的无能者，而是要发挥学生的潜能。加德纳认为，智能并非像传统智能定义所说的那样是以语言、数理或逻辑推理等能力为核心的，也并非以此作为衡量智能水平高低的唯一标准，而是以能否解决实际生活中的问题和创造出社会所需要的有效产品的能力为核心的，这也是衡量智能高低的标准。因此，智能是个体解决实际问题的能力和生产出或创造出具有社会价值的有效产品的能力。为此，加德纳承认每个人都或多或少拥有这九种多元智能，这九种智能代表了每个人不同的潜能，这些潜能只有在适当的情境中才能充分地发挥出来。这一全新的智能理论对学校教育具有重要的意义。

（二）多元智能理论的要点

加德纳除论述多元智能及其理论框架之外，还对多元智能的本质特点等进行了论述。

1. 每个人都同时拥有这九种智能

多元智能理论不是一个“类型理论”，即确定某人的智能符合哪一种智能类型，而是一个认知功能理论。此理论提出每个人在九种智能方面都具有潜质。当然，这九种智能以多种方式起作用，但对每个人而言，作用方式是独特的。个别人似乎在所有智能或大部分智能方面处于极高水平，如德国诗人、政治家、科学家、自然观察家、哲学家歌德。另外一些人，如那些特殊机构中的、在发展过程中致残的人，看起来几乎丧失了除基本智能外的大部分智能。大多数人只是介于这两个极端之间——某些智能方面有较高的发展，某些智能方面适度发展，剩下的智能方面则未开发。

2. 大多数人是有可能将任何一种智能发展到令人满意的水平的

虽然个体可能会抱怨自己在某一指定领域缺乏能力，并会认为是天生的、不可改变的，而加德纳却认为如果给予适当的鼓励，提供丰富的环境与指导，实际上每个人都有能力将九种智能发展到一个相当高的水平。

3. 这些智能之间通常以复杂的方式共同起作用

加德纳指出，以上所描述的每一种智能实际上都是一个“虚构故事”，即在生命中智能本身并不存在（但极少数情况下，可在专家或脑损伤的个体身体上发现）。这些智能间通常是相互作用的。当一个孩子在踢球时，他需要身体／运动智能（跑、踢、投）、空间智能（在球场中找到自己的位置，并预测球飞来的轨道）及言语／语言智能和人际交往智能（在比赛的某次争执中，成功地争到 1 分）。出于检验每种智能的重要特征、学习如何有效地运用这些智能的目的，多元智能理论中所包括的各种智能已经超越了具体背景。我们必须注意的是，在完成对智能形式的研究之后，应将这些智能放回到它们所特有的文化价值背景中去。

4. 每一种智能类别都存在多种表现形式

在某特定领域中，不存在标准化的、必然被认为是具有智慧的属性组合。因此，一个可能不会阅读的人，由于故事讲得很棒或具有大量的口语词汇而具有较高水平的言语能力。同样，一个人可能在比赛场上很笨拙，但当他织地毯或做一个嵌有棋盘的桌子时，却拥有超常的身体／运动智能。多元智能理论强调了智能表现方式的丰富多样性，人们在某种智能中及多种智能间展现着他们的天赋。

5. 存在其他智能的可能性

加德纳的多元智能理论是一个比较宽泛的智能体系。加德纳指出，他的模型只是一个暂时性的系统化陈述，也许经过更进一步的研究与调查后，某些智能可能不会完全满足相关的标准，而不再具备智能的资格。另外，我们可能会鉴别出某些满足相关特点的新的智能类型。因此，人类智能不应局限于他所确认的九种类型，个体到底有多少种智能是可以改变的，随着支持或不支持某一智能的科研成果的出现，可能会使原有的九种智能增加或减少。

（三）多元智能理论和信息技术与课程整合

信息技术与课程整合是实施教育教学改革、促进基础教育跨越式发展、培养创新人才的一种途径。实施信息技术与课程整合，必须以先进的教育理论为指导。对于如何实施信息技术与课程整合，建构主义理论与多元智能理论提供了基本的理论指导。建构主义理论为信息技术与课程整合中新型教学结构的创建提供了理论支持；而多元智能理论为信息技术与课程整合中“创新精神和实践能力”的培养目标提供了方向。多元智能理论认为智力是多元化的，即智力不是一种能力，而是一组能力。智力不是以整合的方式存在而是以相互独立的方式存在的。因此，多元智能理论强调，在实施信息技术与课程整合时要注重发展学生的多种智能。而在多种智能发展的同时，促进其优势智能的发展，从而做到全面发展与个性发展的统一。在多元智能理论指导下实施信息技术与课程整合就是要通过营造一种数字化的学习环境，建立一种“主导—主体相结合”的教学结构，促进学生多元智能的发展，培养具有解决实际问题能力和创新能力的新型人才。

多元智能的发展需要在丰富多样的活动情境中展开。在学科教学中，运用信息技术为学习者创设丰富多样的学习环境，可以更好地适应不同学习者的学习风格和学习需求，更好地促进学习者的个性化发展。表 6-1 说明了信息技术在促进多元智能发展方面的作用。

表 6–1　信息技术运用对多元智能发展的促进

智能类型	信息技术运用
言语语言	文字处理软件、电子邮件软件、网页创作、多媒体演示工具、外文软件、故事光盘、打字帮手、台式计算机、电子图书馆、文字游戏 / 软件等
数理逻辑	数学技能指南、计算机辅助设计、电子制表软件、制图工具、数据库、逻辑性游戏、科学程序软件、批判性思维软件、问题解决软件
视觉空间	动画程序、3D 建模语言、剪辑艺术应用软件、计算机辅助图像、数字照相机和显微镜、绘图和制图软件、电子象棋比赛、建模工具、研究组、空间难题解决比赛、电子难题包、几何学软件、数字想象 / 图形程序软件、虚拟课件
肢体运动	计算机接口的实用结构包、模拟运动游戏、虚拟现实系列软件、眼—手协调游戏、接通计算机的工具、触觉设备等
音乐韵律	音乐文化辅助软件、唱歌软件（声音合成器）、音调识别和旋律增强器、音乐乐器数字接口、创造自己的音乐节目等
人际沟通	电子公告栏、模拟游戏、电子邮件程序等
自我认识	个人化选择软件、职业咨询服务软件、任何可自定步调的软件、可下载的多媒体应用程序等
自然观察	科普性软件、自然界声音或图像文件、植物 / 动物的分类软件、动物声音辨认软件、地球科学软件等

综上所述，多元智能理论对我国基础教育改革有重要的指导作用。在多元智能理论的指导下，实施信息技术与课程整合，能够促进学生多元智能的发展，培养出具有解决实际问题能力和创造新产品能力的创新人才。因此，认真探索多元智能理论指导下的信息技术与课程整合，实现基础教育跨越式发展，具有深刻的现实意义。

三、混合式学习理论

信息技术与课程整合不是把信息技术仅仅作为辅助教或辅助学的工具，而是强调要把信息技术作为促进学生自主学习的认知工具和情感激励工具，利用信息技术所提供的自主探索、多重交互、合作学习、资源共享等学习环境，把学生的主动性、积极性充分调动起来，使学生的创新思维与实践能力在整合过程中得到有效的锻炼，这正是创新人才培养所需要的。在课程整合中我们不仅需要教师的有效引导、学生积极的主动学习和数字化的学习方式，同时还强调将传统学习方式的优势与数字化学习有机结合，以实现教育的多重目标。在这方面，混合式学习理论为信息技术与课程整合提供了更好的理论指导。

（一）混合式学习提出的背景

在20世纪90年代初，信息技术迅速发展，E-Learning风靡全球，美国教育界曾对“有围墙的大学是否将被没有围墙的大学（网络学院）所取代”这一问题展开了激烈的辩论。在20世纪90年代中期以前，辩论双方各持己见，谁也说服不了谁。这场辩论不仅在美国引起很大反响，在国际上也有一批响应者，形成两派意见，长期相持不下。但是国际教育界，尤其是美国教育界，在经历了将近十年的网络教育实践以后，越来越清醒地认识到“E-Learning能很好地实现某些教育目标，但不能代替传统的课堂教学”，以及“E-Learning不会取代学校教育，但是会极大地改变课堂教学的目的和功能”。这样就为混合式学习（blending learning）新含义的提出与流行奠定了基础。同时，我们在对建构主义在教学应用的反思中，逐渐认识到建构主义理论的确可以解决很多传统教育难以解决的问题，却不能解决教育的所有问题。指导教育教学改革的理论应该是多元化的，而不应该是一元化的，即要重视行为主义理论和认知主义理论对教育教学改革的指导作用和意义。

在这种形势下，有人提出了blending learning的概念。“blending”一词的意义是混合或结合，blending learning的原有含义就是混合式学习或结合式学习，即各种学习方式的结合。例如运用视听媒体（幻灯投影、录音录像）的学习方式与运用粉笔黑板的传统学习方式相结合；计算机辅助学习方式与传统学习方式相结合等。

混合式学习的概念提出后，国内外很多专家学者对混合式学习的内涵进行了讨论和分析，并给出了各自不同的理解。

（1）混合式学习的核心是通过应用各种“恰当的”学习技术来适应“合适的”个人学习风格并在“适当的”的时机向“合适的”人传授“恰当的”技能，从而实现教学的最优化。它包括离线学习和在线学习的结合、自主学习和协作学习的结合、结构化学习和非结构化学习的结合、现成的学习内容和定制的学习内容的结合、工作和学习的结合。

（2）混合式学习包含三层意思：① 传统学习和在线学习的整合；② E-Learning学习环境中各种媒体和工具相结合；③ 多种教学方法、学习技术相结合。

（3）混合式学习是指：① 结合基于网络的技术以实现教育目标；② 混合各种教学方法（如建构主义、行为主义、认知主义）以实现最佳的学习结果，无论是否应用教学技术；③ 各种形态的教学技术和面对面、教师引导下的训练相结合；④ 教学技术和实际工作任务相结合。

尽管上述各种定义从文字表述上或是内涵上都有一定的差别，但都认识到混合式学习是基于这样一个前提：学习不是一个一次性的过程而是一个连续的过程，混合比用单一的传递方式有优势。简单来说，混合式学习本质的核心就是，对特定的内容和学生用适合教学内容传输和学生学习的技术手段来呈现与传输。

（二）混合式学习对信息技术与课程整合的指导意义

1. 混合式学习澄清了信息技术在教学应用中的一些误区

误区一：认为信息技术是万能的，信息技术与课程整合必须使用信息技术。

信息技术本身具有一些其他教学媒体和教学手段所不具备的优良特性，但是在带来优良特性的同时，信息技术也不可避免地带来了一些局限。例如，网络教育可以实现教师和学生在时间和空间上的分离，它打破了传统教学在时空上的限制，但是同时也打破了面授教学所特有的师生交互强、学习氛围佳的特性。美国在实施信息技术与课程整合的实践后，基础教育质量不仅没有提升反而下降，其中重要的原因就是过高地估计了信息技术的作用。而“混合式学习”的理念认为信息技术环境下的教学并不能取代传统的课堂式教学，其依据就在于信息技术在教学中的作用是有其局限性的。因此，在实施信息技术与课程整合的时候，要在能够发挥信息技术优势的地方运用信息技术，而不仅是泛泛地运用信息技术。

误区二：认为在信息技术与课程整合中使用信息技术就要摒弃其他教学媒体。

信息技术与其他教学媒体和教学手段各有优缺点，互为补充。但在信息技术与课程整合实践中存在一些片面的做法，如用信息技术取代其他教学媒体和教学手段在教学中的应用，似乎只有网络的运用才算信息技术与课程整合。实际上，任何一种技术手段在教学中的应用都有其优势和劣势。不同的媒体适合于不同教学内容的呈现方式。在教学中，教学媒体没有高级与低级之别，只有适不适当的差别。教师在教学中应根据教学目标、学习者特征、教学内容、媒体特性，判断选用教学媒体，而不是片面地用信息技术全面替代其他所有教学媒体和教学手段。

误区三：盲目确定学习理论的“先进性”。

进行教育改革需要有先进的理论指导，然而由于行为主义、认知主义、建构主义三种学习理论客观上存在先后顺序，人们容易误认为，后一种理论以其先进性而取代前一种理论。在教学中，许多教师提倡建构主义理论而忽视行为主义和认知主义心理学的积极作用。

应该说，这些理论都有其各自适合应用的领域与范围。同时，不同的学习理论科学地反映了学习过程的不同规律，它们可以互相补充，从不同侧面反映学习的基本原理，并可以在不同的学习层次上起指导作用。片面强调某一种学习理论的“先进性”既没有必要，也不科学。所以指导学习的理论应当是多元的，而不是一元的。

2. 混合式学习为信息技术与课程整合的教学设计提供了新的思路

在教学设计领域中，一直以来都是以“教为主”的教学系统设计占主导形式。这也是我国教师和教学设计者比较熟悉的设计方法。这种教学设计将重点放在“教学”上，强调教师的主导作用，突出循序渐进、按部就班、精细严格地运用系统的方法对教学进行设计，它的优点是便于教师组织、监控整个教学进程，便于师生间的情感交流，因而有利于系统的科学知识的传授，并能考虑情感因素在学习中的重要地位。其严重的弊端是完全由教师主宰课堂，忽视学生的主体作用，不利于具有创新思维和创新能力的创造新人的成长。以学为主的教学设计随着学习理论的发展以及多媒体和网络技术的普及逐渐发展起来。这种设计的理念强调学习过程的主体是学生，学生是有意义学习的主动建构者。因此，它的突出优点是有利于学生主动探索、主动发现。相应地，以学为主的教学设计中往往会忽视教师的主导或指导作用，给学生的自由度过大，容易使他们偏离学习目标的要求。

而“主导—主体”（双主）的教学设计思想可以视为上述两种教学设计的互补。“主导—主体”教学设计理论兼取建构主义学习理论与认知主义学习理论之长，避两者之短，强调在教学中既要充分发挥教师对学生学习过程的组织、帮助和引导作用，也要充分体现学生在学习过程中的主体地位，学生在教师的引导、组织和支持下，开展自主、协作、探究学习，完成对所学知识的意义建构。

3. 混合式学习再度将绩效的观念渗透课程整合中

从混合式学习的目标——促进学习，以及混合式学习理念——对所有的可利用学习要素进行合理选择和组合中，我们可以得到这样的启示：信息技术与课程整合的绩效问题不容忽视。信息技术课程的设计应该在了解学习者特征的基础上重视媒体、教学理论的选择以及优化组合，也就是要使学习效果及学习项目的成本达到最优化的理论与实践。可以看出，混合式学习在教学中体现了绩效原则。

混合式学习正在改变世界每一个角落的教学形态，这种学习方式通过对其他学习方式的“混合”和“综合”，为学习过程中的各种因素“适当”地搭配在一起提供了可能，从而具备了超越其他单一学习方式的优势和特色。随着教师群体逐步转变观念，随着混合式学习课程设计的理论探索和实践应用的不断深化，混合式学习将为越来越多的学生带来优化的学习效果。

第三节　信息技术与专业课程整合的方法

一、信息技术与专业课程整合的层次

（一）信息技术整合于课堂教学

信息技术与课堂教学的整合是当前我国高等教育与基础教育领域普遍接受并在大力践行的一种途径，是技术与专业课程整合的最初的表现形式，其整合层次较浅，但是容易实现，通常教师借助多媒体教室中的影像设备（如多媒体计算机、投影机、视频展台等）就能实现。

在这一层次的整合中，教师利用信息技术可以创设学习情境以激发学生的学习动机，集中展示案例以辅助讲授，组织学生汇报电子作品以进行交流讨论，与学生展开辅导以实现个别化教学。讲授式教学仍然是此层次的主要教学策略，学生仍以个体作业形式完成学习任务，可以在一定程度上实行小组评价与自我评价，教师的角色和

学生的角色相对于传统的课堂教学没有本质的变化，学生的学习兴趣会有所加强，积极性会有所提高，但对教师应用信息技术设计教学过程、利用教学媒体实施教学、评价学生的能力有更高的要求。在与课堂教学整合的过程中，信息技术可以起到以下的作用。

1. 创设学习情境

建构主义认为，人的学习与思维总是存在于社会文化情境中的，知识的获得是一种社会建构的过程 / 结果，因此，学习者的学习离不开“真实的”情境，只有在真实情景中建构的知识，才更容易运用在真实生活中。在信息技术与课堂教学整合的过程中，教师可以利用信息技术提供的多媒体形象、动态模拟效果，根据课堂教学主题，创设现实或者模拟的情境，并通过动画、视频、图片、文本等形式播放出来。学生在身临其境地欣赏多媒体画面的同时，教师则逐步引出学习主题，使学生在愉快、融洽的气氛中学习。

例如，有位教师在组织“认识直棱柱”内容的学习时，采用图片、文本说明、动态视频等形式，向学生展示东方明珠、北京故宫中与直棱柱有关的实景，使学生在欣赏生活中美丽图像的同时，不知不觉地产生了浓厚的学习兴趣与强烈的探究欲望。随着问题的提出，教师再将现实的图形简化，抽象为几何图形，然后进入后面的学习……这种多媒体信息创设的学习情境，可以营造愉快、融洽的学习环境，引发学生急切求知的欲望，激发学生建构、讨论、探究的动力，取得很好的学习效果。

2. 集中演示案例

在这一层次的整合中，教师往往在课堂教学中使用信息技术传递精确的教学信息，以代替传统的“黑板 + 粉笔”形式。教师仍然占据教学的主动权，但学生也未必被动，教师可以使用多媒体展示相关的案例，组织学生讨论，在促进学生思考的同时引导学生有效地建构对知识的理解。

例如，针对课堂学习中的难点与重点，教师使用 PPT 课件呈现讲授提纲、使用脑图软件提供学习知识结构图、利用动画模拟事物变化过程等。这些声像结合的方式，可以帮助教师为学生放大微观的图像、展示宏观的结构、模拟具有危险性的事件、还原事物发展的周期、反复观察动态的变化过程，既能吸引学生的注意力，又可以增加学生对学习内容的直观感受，在更好地完成课堂学习目标的同时，还能激发学生的想象力。

3. 评价学生作品

在评价学生作品层次的信息技术与专业课程整合中，仍然需要教师同步引导学生，演示的内容由教师精心准备的素材变成了由学生头脑加工后的作品，学生在学习中的主体地位得到进一步体现。这些作品，在载体形式上可以是电子的，也可是文本的；在表现形式上，可以是文本，也可是图像、动画、模型，甚至还可以是学生亲身参与演出的舞台剧。

例如，在组织高一化学“酸雨”一课的教学时，教师可以布置任务，组织学生分成小组，调研酸雨的生成与防治办法，并设计制作汇报讲稿，在多媒体教室里做集体汇报，同学们互相点评、集中讨论。这种以教师提出任务、学生自我探究并集中汇报学习成果的方式建构的知识，学生将历久不忘、终身受用，正如《荀子·儒效》里记载的那样：“不闻不若闻之，闻之不若见之，见之不若知之，知之不若行之。学至于行之而止矣。”

（二）信息技术整合于学科课程

信息技术与学科课程的整合是基于某一学科课程内容的整合，一般由教师设计学习主题并进行指导，学生作为学习主体，利用信息技术进行自主探究或协作学习，完成学习任务。整合往往超出了课堂教学的时空限制，学生的学习方式往往突破了教师讲授、学生讨论，信息技术在此类整合中的应用变得越来越广泛与深入。在信息技术与学科课程的整合中，信息技术可以起到以下作用。

1. 提供资源环境

美国心理学家斯皮罗提出的认知灵活理论包含这样一个观点：在传统的学校教育中，学习者普遍不能达到高级知识学习的目标，而要实现高级学习的目标，应该有效地促进学生对于知识的双向建构，即在学习中，对同一内容，学生应该能在不同的时间、不同的情境下，从不同的角度进行多次的交叉学习，从而达到高级知识学习的目标。基于这一观点，丰富的信息资源是学生进行高级知识学习的物质基础。

教师可以借助信息技术，以多媒体教学软件、专题学习网站等形式，基于一定的学习主题为学习提供相关资源，供学习者自主探究、小组合作，以完成知识的建构。

例如，教师可以在课程学习前将所需的资源整理好，保存在某一特定文件夹下或做成内部网站，让学生访问该文件夹来选择有用的信息，也可以为学生提供适当的参考信息目录，如网址、搜索引擎，让学生在阅读、筛选大量信息的过程中，实现对学习内容的多层面了解。

又如，重庆工程职业技术学院研发的具有统一入口的资源管理平台，将分散的数字化教学资源进行统一管理，通过统一入口即可共享一切可用教学资源。校本资源、交互式视频教程、各种仿真实训软件、慕课、微课等教学资源均统一汇聚在平台上。教学资源的集成与共享，为课堂教学、师生交流、时时处处的仿真实训和自主学习提供了统一平台，提升了师生应用积极性，促进了信息化教学，提升了教育质量。

2. 提供信息加工工具

信息技术与专业课程整合的最终目标是改进学生的学习方式，这与我国当前的基础教育课程改革的要求是一致的，即倡导学生主动参与、乐于探究、勤于动手，培养学生收集和处理信息的能力、获取新知识的能力、分析和解决问题的能力以及交流与合作的能力。将信息技术作为课程学习中的信息加工工具，可以使学生在对大量信息进行筛选、鉴别的过程中，对信息进行重整、加工、再利用和表达，最终形成对事物的综合了解与学习。

在这一整合层次，信息技术既可以是学生探究学习中的信息检索、知识获取的工具，又可以是学生自由探索的虚拟实验环境，学习过程中数据处理、科学分析的软件和表达学习结果的演示软件，还是帮助学生提高学习效能的认知工具。这些工具不再仅仅是教师使用，而是学生使用居多，可以帮助学生进行信息加工和思维表达，最终达到知识的建构与内化。

例如，在信息技术与数学课程整合的过程中，教师将“几何画板”“函数作图器”“Excel 统计软件”等工具引入学习，帮助学生建构数学概念、掌握数学规律。又如，一位教师在讲授“幂函数”时，做了一次在多媒体网络教室里用“几何画板”组织学生学习的尝试：由于幂函数图像错综复杂，有 11 种之多，传统的讲授要列表作图再归纳，费时费力，学生也没有自主探究的兴趣，而引入“几何画板”软件后，学生学习效果的提高异常明显。教师利用课余时间教会学生使用软件的基本用法，教学地点在多媒体网络教室，学生每人操作一台安装了几何画板软件的计算机。教学过程如下：首先，教师提出教学目标，即根据幂函数指数的不同取值归纳出幂函数的图像种类；其次，归纳幂函数的性质。学生只要键入 a 的值，图像就立刻出现，每位学生的计算机上都出现了图像，学生的兴致高涨。很快有同学发现指数取奇偶数时，图像是不同类型的，又有同学发现指数取小数、分数时图像的变化，等等。学生通过自己的探索、观察和思考，印象深刻，回味久远，教师只要稍加引导便较好地实现了教学目标。

再如，在信息技术与语文课程整合中，教师在组织写作教学时可以让小学六年级的学生写一篇自己最向往的地方的作文，鼓励学生先在网上自由搜索，选择祖国山河的壮丽一景，然后将文本、图形等进行重新加工，用 Word 写出一篇精美、感人的作文。

3. 提供协作交流工具

师生间的交流是教学的重要环节，将信息技术引入课程学习，在课上或课下为学生和教师、学生与学生之间创造一定的交流机会，既可以实现教师对单个学生的个别化指导，也可以促进师生感情的培养，提高学生的兴趣与积极性。

例如，教师可以利用电子邮件与学习上存在问题的学生单独交流，也可以采用虚拟学习社区等工具，开设一些符合学生兴趣的专题讨论区，使学生在课后有机会对教学的内容、课程的形式、教师的教学等问题进行充分的交流，师生间的双向交流对于学生的学习将产生极大的激发与促进作用。

目前，播客正在受到越来越多人的关注。播客（podcasting）是网络领域中新兴的一种信息传播方式，它允许每一个网络用户建立自己的播客，把自己的经历与感受制作成播客节目，以音、视频的形式上传至网络，供别人阅读。播客为外语教学改革与发展提供了新的机会与便利，教师可以利用信息技术工具把课堂教学制作成播客节目上传，学生可以在课外时间通过网络浏览老师的播客进行自主学习，学习速度完全由学生自己掌握。教师还可以提供其他优秀的英语播客，也可以浏览、欣赏与课程相关的其他播客内容，还可以建立自己的播客，师生可以通过 RSS 等内容聚合技术关注英语学习中的最新进展。

（三）信息技术与多学科课程的整合

信息技术与多学科课程的整合是指在信息技术的文化背景下，教师对于两门以上课程的目标、内容、教学等方面的重整。这包括两个层面的整合。一是教师将不同学科中相关联的概念连接在一起，并协调教学时间，用一个完整的学习活动完成多项课程目标，如教师在语言艺术课上讲《安妮日记》的同时，将社会研究课的内容调整为第二次世界大战；在数学课教绘图的同时，将科学课的内容调整为做实验，并且要求学生将实验结果用图形表示出来。这个层面的整合涉及不同的学科，但学科间的界限比较清晰，只是通过安排相关学习专题、调整教学时间同时教学，帮助学生建立起学科领域之间的联系。二是不同学科间课程目标、内容、教学的融合与渗透，用一个学习主题将不同学科的相关知识与技能连接起来，用以促进一门主要学科或几门学科的学习，这种整合强调几个学科的相互渗透。例如教师以“可持续发展”为主题，让学生从科学、社会学研究和语言艺术等角度进行探索学习，以使学生更好地理解一个复杂的问题；教师以“雨林的保护”为主题，从语文、科学与社会、数学、艺术等角度进行探究，以使学生综合地、多角度地理解这个复杂的社会问题。

二、信息技术与专业课程整合的原则

（一）根据课程特点进行整合设计

不同的课程有不同的知识结构与学科特点，如语言教学是培养学生运用语言的能力，利用信息技术，模拟出接近生活的真实语境，提供给学生应用语言技能进行语言表达、人际交流的机会；数学属于逻辑经验学科，主要由概念、公式、定理、法则以及应用问题组成，信息技术与数学课程的整合就要关注开发学生的认知潜能，可以通过给学生创设认知环境，帮助他们经历由具体思维到抽象思维，再由抽象思维到具体思维的过程，完成对数学知识的意义建构；而物理、化学是与人们生活生产密切相关的学科，应注重培养学生的观察能力、解决问题的能力和亲自做实验的动手能力。对于那些需要观察自然现象或事物变化过程的知识，形象和直观的影像有助于学生理解和记忆；对那些需要多次练习的动作技能来说，靠单纯的教学媒体辅助教师演示，教学收效甚微。实验可以锻炼学生设计、操作实验的能力，如果单纯地用计算机模拟实验全部代替亲手实验，未必能达到教学的目标。

因此，对于不同的学科，需要关注技术的运用，但这并不等于为了与信息技术的整合而放弃课程目标，应该根据学科课程的特点而采用不同的整合策略，选取不同的技术形式来实现。

（二）通过信息技术与专业课程整合促进学生多元智能的发展

加德纳的多元智能理论认为，人类存在着言语 / 语言、逻辑 / 数理、视觉 / 空间、

音乐 / 节奏、身体 / 运动、人际交往、内省、自然观察者、存在九种智能，不同方式和不同程度的组合，使每个人的智力各具特点。信息技术具有多种媒体表征，可以以文本、图形、图像、视频、动画的形式呈现信息，课程整合中可以充分利用这些多媒体的特性，同时尊重不同智力强项的学生，寻找调动学生多方面智能的整合策略，帮助学生将强项特点迁移到弱项领域，使学生从多个方面发展智力、实现自我的全面发展。

（三）高度重视学习资源的开发与应用

没有丰富的高质量的教学资源，就谈不上让学生自主学习，更不可能让学生进行自主的发现和探索。若教师主宰课堂，照本宣科，学生被动接受知识，永远达不到信息技术与专业课程整合培养创新人才的目标。重视资源的建设并非要求所有的教师每天都耗尽精力去开发多媒体素材或软件，而是提倡教师关注资源的建设，努力收集、整理和充分利用网络上的已有资源，通过检索、筛选、下载、修订已有的教学资源，为自己的教学服务。

教学中运用信息技术是为了更高效地传递教学内容，提高学生学习的效果，不能将其作为课堂教学的点缀与装饰，要杜绝为了技术而技术的形式主义做法。信息技术的应用要和课程内容、教学过程贴切地结合，发挥出它的优势，必须进行教学设计，以教学目标为依据，由教师通过系统的设计来实现。

三、信息技术与专业课程整合的途径

（一）从熟悉的技术入手，进行课堂教学的整合

每一位教师都有自己熟悉的技术，最直接的整合途径就是教师在教学实践中探索这类技术在教学中的应用。例如，许多教师都比较熟悉 PowerPoint 等软件的操作，可以从学科教学的需要出发，利用 PowerPoint 展示案例，组织学生讨论。一位政治老师在组织学生学习“中国共产党：立党为公，执政为民”一课时，使用 PowerPoint 制作了精美的演示课件，以图片、视频、图表的形式介绍了孔繁森、陈春龙等一系列优秀共产党员的事迹，然后分步骤引导学生思考，组织学生讨论，通过了解共产党人立党为公、执政为民的感人事迹，使学生对党的认识升华，进而更加信赖和热爱中国共产党，坚定走中国特色社会主义道路的信念。在整合过程中，多媒体课件提供了师生共同探究的主题与阅读素材，教师适当引导，学生积极思考，活跃发言，谈论自己的心得体会，课堂教学效果显著。

从熟悉的技术入手是进行信息技术与专业课程整合最自然的开端，但有时也会带来有些教师过多地考虑技术成分，而忽视课程内容、忽略学生能动性等问题，甚至会出现“为了技术而技术”的现象，这些都是需要避免的问题。

（二）从信息化学习方式入手，进行学科教学的整合

相对于传统的教师讲授、学生听课的接受式学习方法而言，信息化学习不再是被动式的学习，而是学生主动的、探究的、协作的学习。实现信息化学习的方式有基于

资源的学习（resource-based learning）、基于项目的学习（project-based learning）、基于问题的学习（problem-based learning）、基于网络的探究（webquest）、基于网络的协作（CSCL）等，这些学习以学生为学习的主体，通过在教师指导下的自主探究与小组协作，完成学习任务。

从信息化学习方式入手进行学科整合的途径，是指教师根据学科课程总目标与单元目标设计学习问题，以任务驱动学生的学习。这种途径可以遵循学科教学的特点与规律，将技术有机地融入教学之中，以信息化教学模式的形式组织、设计学生的学习过程。这种途径能实现信息技术与课程内容的恰当融合，既能够突出教师的主导地位，又充分尊重了学生的主体地位。例如，在数学、物理类的学科中，传统的教学往往是将抽象的原理灌输给学生，学生被动接收教师的信息。而借助“几何画板”等工具，教师可以让学生将一些抽象的原理通过可视化的实验进行探究学习，将课堂讨论与自主探究相结合。又如，一位教师在组织初中数学“角平分线”的学习时，先是通过动画设计情境引入学习主题，再让学生通过在“几何画板”里自主探究“如何画一条线，使其到角两个边的距离相等”的问题，实现创设情境—启发思考—自主探究—总结讨论的教学，从而避免了生硬的灌输。

（三）从信息文化的影响入手，进行跨学科的课程整合

信息技术已经成为一种影响教育与教学的文化，深刻地影响着课程内容、教学方法、师生角色等方面。这要求我们从信息文化的角度进行课程的重构，从课程目标、课程内容、课程实施、课程评价等方面系统地研究、探讨课程结构的改变，实现跨学科间的课程重整，构筑数字化学习的环境，建设信息化课程。例如，教师以“如何理解人、动物和自然之间的关系”为主题，让学生从文学、生物、艺术等角度了解动物，了解动物与人、与自然的关系。美国国家课程标准也体现了信息技术跨学科整合的思想，他们根据课程的特点构建课程的实施方案，开发了一种新型的互动课程，用 Java 作为实现数学、科学虚拟实验的手段，应用计算机模型的模拟开展自主性探究学习。这种课程具有在线学习、交互学习、多媒体化内容表征的特点。

第四节　信息技术与课程整合的形态

一、信息技术作为学习内容（L-about IT）

L-about IT 直译就是“学习信息技术”，就是将信息技术作为一个专门的学科开设，旨在让人们掌握 21 世纪人们赖以生存的重要工具——信息技术。信息技术既是一个独立的学科分支，又是所有学科发展的基础。信息技术既是一个重要的技术分支，又

已经深化为改造人类生产与生活方式的基本手段。信息技术因信息交流需要而产生和发展，信息技术的进步又扩展了信息交流的时间与空间。文化形成和发展的最本质要求是交流，随着信息技术越来越广泛地渗透教育、经济和政治等领域，席卷全球的信息文化业已形成，并推动着全社会的“文化重塑”，促进着社会的发展。从社会发展的现实出发，开设信息技术科目，是为培养适应信息社会的未来公民奠定基础，是我们国家在全球性信息化建设竞争进程中，抓住机遇、赶上世界发展的步伐、抢占制高点的必要保证。

信息技术课程是以提升学生的信息素养为根本出发点，将信息技术作为学习对象，让学习者学习信息技术的基本知识、学习信息技术的基本技能和基本工具的使用，从而掌握一定的信息技术技能。但同时，信息技术课程的开设并不是仅仅为了学习信息技术本身，更重要的是让学生形成个性化的发展，学会运用信息技术促进交流与合作，拓展视野，勇于创新，提高思考与决策水平，形成利用信息技术解决问题的习惯和能力，形成终身学习的理念，明确信息社会公民的权利与义务、伦理与法规，形成与信息社会相适应的价值观与责任感，为适应未来学习型社会提供必要保证。根据信息技术新课标（课程标准），信息技术作为学科科目和学生学习的对象包含了以下三个方面的内容。

（一）知识与技能

（1）学习者能够理解信息及信息技术的概念与特征，了解利用信息技术获取、加工、管理、表达与交流信息的基本工作原理，了解信息技术的发展趋势。

（2）通过学习，学习者能熟练地使用常用的信息技术工具，初步形成自主学习信息技术的能力，适应信息技术的发展变化。

（二）过程与方法

（1）学习者能从日常生活、学习中发现或归纳需要利用信息和信息技术解决的问题，能通过问题分析确定信息需求。

（2）能根据任务的要求，确定所需信息的类型和来源，能评价信息的真实性、准确性和相关性。

（3）能选择合适的信息技术进行有效的信息采集、存储和管理。

（4）能采用适当的工具和方式呈现信息、发表观点、交流思想、开展合作。

（5）能熟练运用信息技术，通过有计划地、合理地信息加工进行创造性探索或解决实际问题，如辅助其他学科学习、完成信息作品等。

（6）能对自己和他人的信息活动过程和结果进行评价，能归纳利用信息技术解决问题的基本思想方法。

（三）情感态度与价值观

（1）学习者通过对信息技术的学习，能够体验信息技术蕴含的文化内涵，激发和保持对信息技术的求知欲，形成积极主动地学习和使用信息技术、参与信息活动的态度。

（2）能辩证地认识信息技术对社会发展、科技进步和日常生活学习的影响。

（3）能理解并遵守与信息活动相关的伦理道德与法律法规，负责任地、安全地、健康地使用信息技术。

二、信息技术作为学习工具（L–with IT）

仅从字面上翻译，L-with IT 就是“用信息技术来进行学习”，即是把信息技术作为学生学习、教师教学的工具。下面笔者就分别从教师的角度和学生的角度来分析和阐述 L-with IT 模式，并介绍其典型的应用。

（一）信息技术作为教师教学的辅助工具

把信息技术作为教师教学的辅助工具，是从教师的角度出发，具体来说信息技术主要扮演了如下这几种工具角色：演示工具、信息交流工具、信息加工工具、测评工具等。

1. 演示工具

信息技术作为演示工具，是信息技术整合于学科课程的最初表现形式，也是目前绝大多数基础教育和高等教育普遍采取的整合形式。教师使用现成的计算机辅助教学软件或多媒体素材库，选择其中合适的部分用在自己的讲解中或利用电子演示文稿 PowerPoint 以及其他一些多媒体制作工具，综合使用各种教学素材，编写自己的演示文稿或多媒体课件，清楚地说明讲解的结构，形象地演示其中某些难以理解的内容，如用图表、动画等展示动态的变化过程和理论模型等。另外，教师也可以利用模拟软件或者计算机外接传感器来演示某些实验现象，帮助学生理解所学的知识。这样，通过合理的设计与选择，计算机代替了幻灯、投影、粉笔、黑板等传统媒体，实现了它们无法实现的教育功能。

当然，这里指的信息技术作为演示工具并不是一种装饰或点缀，如果信息技术的使用达不到投影、幻灯、录像甚至是粉笔加黑板那样的教学效果，或者只是简单地代替了投影、幻灯、录像等媒体，成为教学的一种装饰或点缀，那么使用就毫无意义。

2. 信息交流工具

信息技术作为交流工具是指将信息技术以辅助教学的方式引入教学中，主要起到师生之间交流的作用，教师利用信息技术与学生就学习、情感等方面进行交流。要实现上述目的，并不需要复杂的信息技术，只需在有互联网或局域网的硬件环境下，采用简单的电子公告板（BBS）、聊天室等工具即可。教师可根据教学的需要或学生的兴趣开设一些专题或聊天室，如“我需要帮助”“老师优劣之我见”等，并赋予学生自由开辟专题和聊天室的权利，使他们在课后有机会对课程的形式、教师的优缺点、无法解决的问题等进行充分的交流。除此之外，教师要利用信息技术与家长就学生的情况进行交流，与其他教师在教学和科研方面广泛地合作与交流，与教育管理人员就教育管理工作进行沟通，与学科专家、教育技术专家就教育技术的应用进行交流等。

3. 信息加工工具

信息技术作为教师的信息加工工具，主要是指教师利用信息技术，如文字处理工具、电子文稿编辑工具、网页制作工具等对要教授的知识进行重构，不拘泥于书本，不拘泥于某单一学科，在重构过程中将一些已有的相关实践或思考认识的结果融入进来，以使教学信息更加丰富。

4. 测评工具

信息技术作为测评工具主要是指教师在课程教学过程中，一方面利用信息技术来指导学生进行自测评价，了解学生学习的效果；另一方面教师对自己的教学进行自测评价，随时改进教学过程、组织有效的教学活动。

（二）信息技术作为学生学习的工具

把信息技术作为学生学习的工具，具体来说信息技术主要扮演了如下这几种工具角色：信息加工工具、信息交流工具、个别化学习的工具、协作学习的工具、学习研发的工具。

1. 信息加工工具

信息技术作为学生信息加工工具，与信息技术作为教师信息加工工具是有所不同的。信息技术作为学生信息加工工具是从培养学生信息能力的角度出发，主要培养学生获取信息、分析信息、加工信息的能力，强调学生对大量信息进行快速提取，对信息进行重整、加工和再应用。例如，让小学六年级的学生写一篇作文——《你最向往的地方》，学生可以在网上自由检索，选择祖国山河的壮丽一景，然后利用 Word、PowerPoint、WPS 或其他信息技术工具将文本、图形等进行重新加工，写出一篇精美、感人的作文。

2. 信息交流工具

信息技术作为学生的交流工具，与信息技术辅助教师教学扮演信息交流工具的性质、形式、作用大致相同，如学生利用信息技术与教师就学习、情感等方面的问题进行交流，学生与学生之间进行交流，学生与家长之间进行交流，甚至可以通过信息技术让学生与学科专家进行交流等。

3. 个别化学习的工具

随着信息技术的飞速发展，出现了大量的操练练习型软件和计算机辅助测验软件，让学生在练习和测验中巩固、熟练所学的知识，决定下一步学习的方向，实现了个别化的学习。这些信息技术工具及其相应的教学软件代替了部分教师职能，如出题、评定等，因此在一定程度上注意了学生的个别差异，提高了学生学习的投入性。

4. 协作学习的工具

与个别化学习相比，协作学习有利于促进学生高级认知能力的发展，有助于学生协作意识、技巧、能力、责任心等方面的素质培养，因而目前受到了广大教育工作者的普遍关注。当今信息技术的发展又为协作学习提供了良好的技术基础和支持环境。计算机网络环境扩充了学生协作学习的范围，提供了丰富的情景，减少了协作的非必要精力支出。在基于 Internet 网络的协作学习过程中，基本的协作模式有四种：竞争、协同、伙伴和角色扮演。各种不同类型的协作学习对信息技术的要求程度各有不同。

5. 学习研发的工具

虽然我们强调对信息的加工、处理以及协作能力的培养，但最重要的还是要培养学生的探索能力、自己发现问题和解决问题的能力以及创造性思维能力，这才是教育的最终目标。在实现这种目标的教学中，信息技术扮演着学习研发工具的角色。很多工具型教学软件都可以为之提供很好的支持，如中学数学教学中，几何画板可为学生提供自我动手、探索问题的机会：当面对问题时，学生可以通过思考和协作，提出自己的假设和推理，然后用几何画板进行验证；此外，学生还可以使用几何画板自己做实验来发现、总结一些数学规律和数学现象，如三角形的内角和为 180° 、圆周率的存在及计算等。随着信息技术的飞速发展，新的信息技术在教学中的应用更为学生的探索和学习提供了强有力的支持，如在经济学课程中，虚拟现实技术可以模拟真实的商业情境，让学生在各种真实、复杂的条件下做出决策和选择，提高学生对真实问题的解决能力等。

三、信息技术作为学习环境（L-in IT）

L-in IT 直译为“在信息技术中学习”，就是在信息技术构筑的环境中学习。在这样一种模式下，信息技术扮演了一个环境角色，这个环境包括了物理环境、资源环境和社会大环境。这种模式一般融入前两种模式中，不单独发挥作用。

（一）提供物理环境

信息技术提供物理环境，主要是指由各种信息技术、信息传播媒体及其配套运作软件组成的物理环境，如设备、媒体等物质性环境。目前越来越多的中小学在加紧建设计算机室、多媒体综合电教室、电子阅览室、多媒体语音室等，配置数字幻灯机、投影仪、实物展示平台等，信息技术物理环境的建设已初具规模。

随着信息技术本身的发展，这些原本独立的环境逐渐相互融合起来，形成了目前中小学中应用最为普遍和广泛的“多媒体网络教室”。一般来说，多媒体网络教室包括虚拟 Internet 教室、电子阅览室和多媒体语音室，其主要功能包括教学示范、广播教学、屏幕监视、资源共享、个别辅导、协作讨论、远程管理等。

多媒体网络教室是由学生机、教师机和数据库服务器组成的。学生机和教师机组成多媒体教学网，多媒体节目源则通过视频转换器与教师机相连，由教师直接控制。多媒体教学网的网络和数据处理由中心数据库服务器来完成，同时如打印机、扫描仪和投影仪等外设也将连到数据库服务器上，接受多媒体教学网的控制和支配。数据库服务器可以通过网间交换器和路由器直接与校园网和多媒体教学网连接，进行信息交流。

（二）提供资源环境

信息技术提供资源环境主要是指利用信息技术提供丰富的教学材料和资源，是以提供教学信息服务为主的系统。该系统的特点：一是拥有大量的信息资源；二是提供自由的访问。这些材料和资源是为教学目的而设计的，但有些资源并非为教育而设计，因其具有教育利用价值而被用作教学资源环境，如电子化图书馆。

利用信息技术构筑的资源环境，具有三个方面的性质：选择性、劣构性和开放性。所谓选择性是指资源环境作为一类学习支持系统，其中拥有藏量丰富的信息资源，可供学习者任意选择；所谓劣构性是指资源环境中的对象之间存在较弱的结构关系，不像教科书那样经过精心编排；所谓开放性是指学习者、适用时间、使用目标等方面都带有很大的自由度。

随着信息技术教育环境在中小学的不断完善，各种教学和学习资源也逐渐积累起来，这种在信息技术环境下，特别是在计算机和网络环境下的电子化教学和学习资源，包括了各种电子书籍、电子期刊、数据库、虚拟图书馆、电子百科、教育网站、电子论坛、虚拟软件库等。

（三）提供社会性环境

信息技术提供社会性环境，主要是指利用信息技术，特别是计算机和网络通信技术，可以为学习者之间、师生之间、师生家长之间创造和提供一个相互交流、相互学习的平台。

这种社会性的环境中既有真实的人人之间的交互行为，也有人与虚拟的学伴之间的交互行为。例如虚拟学伴，它主要是利用计算机来模拟教师和同级学生的行为，从而形成一个虚拟的社会学习系统。随着信息技术的不断发展，现今还可以利用网上群体虚拟现实工具 MUD ／ MOO（multipleuser dimension 或 multiple object oriented）支持异步式学习交流，以这种形式来创建虚拟学社。这样一个虚拟学社提供了各种通信工具，如 E-mail、电子报纸、文档、电子白板、虚拟教室等，来支持学生同伴之间、小组之间甚至是班级之间的各种学习活动和校园文化。利用信息技术来提供这种社会性环境的实例除了上面提到的虚拟形式，还有很多，如协同实验室、虚拟教室等。协同实验室是对真实实验环境和虚拟实验平台的集成，它实现了基于网络的问题求解过程。协同实验室的学生组成一个个学习小组，所有学习小组构成学习型社会。在实验过程中，只有组长能够控制实验器材，获取实验数据，其他成员只是向组长提供想法和观察实验结果。当然，组内的每一名成员都进行了明确的分工，各司其职，教师在整个实验过程中监控每一个成员的表现和实验结果。而虚拟教室（virtual classroom，VC）是指在计算机网络上利用信息技术构造的学习环境，允许身处异地的教师和学生互相听得到、看得见，而且可以利用实时通信功能实现传统物理教室中所能进行的大多数活动，还可以利用异步通信功能实现前所未有的教学活动，如异步辅导、异步讨论等。

第五节 信息技术与课程整合的实践案例

近年来，我国许多地区、许多单位在不同的学科领域对信息技术与各学科课程加以有机整合，进行了试验性探索，并在不同程度上取得了一定成绩，其中有些效果还相当突出，令人鼓舞。本节将为大家提供几个信息技术与课程整合的优秀案例，大家通过对案例的分析和学习，进一步把握信息技术与课程整合的理念及方式。

一、案例：生物“营养物质”网络教学设计方案

生物“营养物质”这节课程主要讲述食物中含有的六大类营养物质，以及六大类营养物质对于人体的重要性，同时介绍了六大类营养物质主要的食物来源及如何选择和搭配食物，做到合理膳食。在日常生活中，学生已经对营养学的知识有了一定的感性认识，在小学自然课中也学习了一些营养常识，这些知识为本节的学习奠定了基础。另外，学生通过一年的计算机知识的学习，已经掌握了 Windows 操作系统和 IE 浏览器的使用方法，因此可以通过相关软件来学习本节知识。

（一）教学目标分析

本课的教学目标按知识目标和能力目标进行分析，详细情况如下。

1. 知识目标

要求学生了解食物中的营养物质和各种营养物质对人体的作用，以及食物的热价；了解有关营养知识，培养良好的饮食习惯。

2. 能力目标

通过操作计算机和上网搜索，让学生学会制订合理的营养计划，并通过使用相关软件，设计一份营养合理的食谱，从而培养他们通过互联网获取知识的能力和分析问题、解决问题的能力。

（二）教学思路和教学软件设计

课前，教师将相关资源链接到主题网页当中，并发布到局域网上（互联网地址为 http：//league2000.y365.corn）。在教学中，让学生进行“角色扮演”，以小营养学家的身份利用计算机与网络来分析教师给出的各种食谱，并且自己给出各种合理的食谱，从而获取相关的营养学知识。其教学流程为：情境导入—引导探究—自主发现—总结提升。

（三）教学过程设计

1. 情境导入

（1）提出问题：日本人在古代被称为“倭”，即矮的意思，但根据北京大学季成

叶教授的调查，日本青少年的平均身高已经超过中国。为什么在二战后日本人的身高会迅速超过中国人呢？

（2）引导学生浏览相关网页：① 影响身高的因素（http://www.cc-edu.com/community/health/qingchun/qingchun6.htm）；② 从中日青少年身高比较看改善我国学生营养状况的重要性（http://league2000.y365.com/new_page_1.htm）。

首先浏览相关站点。身高是生长发育中最显而易见、最有代表性的指标。在通常情况下，身高顺利增长，说明孩子的营养良好，没有受到慢性消耗性疾病的干扰。日本在战后经济发展迅速，国民营养条件获得较大的改善，身高增长迅速。然后积极思考教师提出的问题，进入学习情境。

2. 引导探究

（1）用大屏幕投影展示以下五种食谱：① 肯德基快餐食谱；② 完全素食谱；③“主食 + 肉食”型食谱；④ 荤素搭配，简单型食谱；⑤ 荤素搭配，多样品种的食谱。

（2）指导学生进行分组，每组同学分别计算不同食谱的营养含量。

（3）引导学生进行学习，并提供适当帮助和指导，对学生在学习中遇到的问题进行个别辅导。利用教师提供的在线计算工具分别计算五种食谱的营养含量，并思考究竟哪种食谱更加科学。

3. 自主发现

（1）教师介绍不同国家和地方人民的饮食习惯，并将其分为五大类。

① 猪肉为主要肉食来源（大多数东亚地区）。

② 鱼肉为主要肉食来源（大多数岛屿和半岛国家）。

③ 禽肉为主要肉食来源（如广东）。

④ 羊肉为主要肉食来源（伊斯兰教信奉者）。

⑤ 牛肉为主要肉食来源（西欧、北美）。

（2）引导学生互相讨论交流，并配出各类饮食习惯者的合理食谱。

① 利用在线计算工具和营养含量排行表（http://www.fh21.com.cn/ying/new/paihang.htm），对各类饮食习惯配出合理食谱，并使用软件“家庭营养师”（http://league2000.y365.com/ 营养配餐 .zip）来制订菜谱。

② 进一步思考合理的营养配餐原则是什么。

4. 总结提升

（1）在学生交流和思考的基础上，帮助学生厘清知识点。

（2）总结六大类营养物质的作用。

（3）合理膳食的原则：荤素搭配，食物品种多样；良好的饮食习惯，即一日三餐，按时进食，不偏食、挑食和暴饮暴食。

（四）综合分析

1. 教学策略分析

本案例应用了基于网络的探究学习、抛锚式教学策略、支架式教学策略等。学生在课堂中既有课堂讨论，也有角色扮演，还有协同学习。

2. 学习环境分析

（1）教学媒体与教学材料的选择与设计。在课堂上综合运用多媒体计算机和网络进行教学。老师利用计算机，通过大屏幕展示知识内容；学生利用计算机，通过网络进行知识的学习和讨论，同时利用工具进行计算和设计。多媒体网络的运用有利于学生的自主学习和协作学习，促进学习效率，提高学习效果。

（2）认知工具的设计。多媒体课件和网络资源作为课程学习的资源工具，网络资源作为情境探究和发现学习的工具，计算机网络作为协商学习和交流讨论的通信工具，在线计算工具作为知识建构和创作实践的工具。

（3）人际环境的设计。教师首先提出关于日本人身高的问题，将学生导入新课的学习，这样比较容易激发学习兴趣，形成一种积极、活跃的课堂气氛。教师课堂上进行引导启发、任务的布置、作品的点评、课堂的总结等；学生进行小组合作，通过扮演小营养家的角色进行学习，课堂氛围是积极主动的。此外，教师讲解和学生自主探究相结合，学生的主动性也得到了充分发挥。

二、案例：信息技术与课程整合教学设计方案——“音乐之都”维也纳

（一）教学目标

（1）认知目标：读懂课文，弄清课文是从哪几个方面具体叙述“音乐之都”维也纳的。理解生词，有感情地朗读课文。

（2）情感目标：利用语言文字材料陶冶情操，培养喜爱音乐的情趣。

（3）能力目标：培养上网收集信息，整理、加工信息的能力和想象、概括能力。

（二）教学内容及重点、难点分析

（1）教学内容：课文生动介绍了维也纳被称为“音乐之都”的渊源，描绘了维也纳特有的人文景观，指出它在世界音乐史和世界乐坛上的地位和影响，表达了作者对音乐之都的赞美和向往。

（2）教学重点：读懂课文，了解维也纳与音乐的渊源，知道维也纳为什么被称为“音乐之都”。

（3）教学难点：体会“音乐之都”的内涵，培养喜爱音乐的情趣。

（三）教学对象分析

五年级的学生在生活中通过观看电视节目、阅览报纸、杂志已了解过一些有关世界名城的知识，而且他们对现代音乐比较喜爱，在音乐课上欣赏过古典音乐，初步了解过一些有关古典音乐的知识。该年龄段的学生对新鲜事物注意力持久，并已初步掌握了上网浏览、上网搜索信息的能力。但学生对维也纳与古典音乐的渊源知之甚少，对古典音乐的喜爱有待进一步培养。

（四）教学媒体选择与设计

本课的设计集图、文、音、像等信息于一体，自行设计了一个“音乐之都维也纳”的学习专题网站。

在网页的结构上，设计了以下几个模块，使学生能较快地把握课文结构与内容。

（1）维也纳全览：概括地介绍维也纳的总体面貌，让学生感受到维也纳的秀丽风光与音乐的渊源。

（2）音乐家：提供了贝多芬、莫扎特、舒伯特、海顿、肖邦、施特劳斯等著名音乐家的生平以及在维也纳的经历及创作情况，让学生感悟维也纳给音乐家的成长创作带来的巨大影响。

（3）城市装饰：提供维也纳城市中著名音乐家的雕像等图片，感受“音乐之都”的艺术氛围。

（4）圆舞曲：提供古典音乐《春之声》，体会音乐是维也纳人民生活中不可缺少的重要组成部分。

（5）盛大音乐会：通过新年音乐会盛况转播，使学生体会歌剧院对国内外观众和世界各国音乐家的吸引力。

（6）国家歌剧院：通过录像、图片、文字资料介绍维也纳国家歌剧院的历史，建筑特点、内部装饰及在世界上的影响，使学生真正认识“音乐之都”。

（五）教学过程的设计

1. 创设情境，谈话导入

教师谈话：有人说，没有音乐就没有维也纳，失去了音乐，维也纳就失去了一半的美。今天，就让我们一起踏上维也纳音乐之旅，去感受“音乐之都”的魅力吧！（板书课题）

学生打开“音乐之都维也纳”学习专题网站，点击“维也纳全览”观看。看完之后，在留言板上谈谈对维也纳的初步印象。

师生合作朗读第 1 节。

2. 学文感悟

（1）阅读第 2 ～ 4 节。

教师引导：维也纳为什么被称为“音乐之都”呢？同学们，在网上有课文内容，请大家先认真阅读课文，想一想课文是从哪几个方面具体叙述维也纳是“音乐之都”的，用课文中的语言概括地说一说。

学生自行上网，并认真阅读网上的课文，在“讨论”板块中交流。

教师引导：在三个方面中，对哪一点最感兴趣，可以从课文中找出相关段落细细地读，并通过网络去探究这个方面。

学生在学习目标的指引下，选择感兴趣的问题并阅读相关的课文段落，充分利用网页课件，通过超级链接等方式大量搜索图、文、音、像资料，转入不同的知识点进行自主探究性学习。

学生自主搜索资料，对重点知识做好复制、粘贴工作，积极思考自己的学习主题。并利用“讨论”板块进行交流，不仅发表自己的观点，还要观看其他同学的观点。

教师作为其中的一员参与交流，除对交流起组织作用外，还对交流做点评，以保证交流的正确性和有效性。适时根据学生要求，将有代表性的学生学习结果通过屏幕播放。

学生有感情地朗读全文。

教师小结：维也纳音乐已经融入了人们的血液，融入了人们的生活。这座城市就是一首优美的圆舞曲。

（2）阅读第 5、6 节。

教师引导：来到维也纳，不去维也纳国家歌剧院听一听音乐会，那将是一种遗憾，现在就让我们去一睹为快吧！

学生点击网站中的“盛大音乐会”，并在“留言板”中交流对音乐会的感受。

教师引导：想对歌剧院了解更多吗？请上网读一读课文第 5、6 节，点击“国家歌剧院”了解有关资料，讨论“歌剧院为什么被称为世界歌剧中心”。

学生上网读课文，收集资料，做好笔记，并在网上展开讨论。

教师参与讨论，适时点评。

教师小结：国家歌剧院是凝固的音乐，是一切爱好音乐的人心目中的圣地。它是维也纳人民的骄傲，也是世界人民的骄傲。

3. 总结升华

教师谈话：今天，我们一起走进维也纳，领略了秀美的风光，聆听了优美的圆舞曲，感受到了深厚的音乐内涵，此时你一定有很多话想说，请在留言板上写下来吧。

学生进入网上留言板，进行在线发言交流，并认真阅读、思考老师和同学的留言。

4. 拓展延伸

作业：以小组合作形式收集资料，以世界名城为主题制作演示文稿。

（六）综合分析

1. 认知工具的设计

（1）以专题学习网站作为课程学习的资源工具，同时也作为情境探究和发现学习的工具。

（2）教师课前集音、像、图、文于一体，精心设计信息量大的“音乐之都维也纳”网页课件，提供好学习背景资料和各类感性材料，使学生能通过网页通其意、晓其理。

（3）网络可以为研究性学习提供充足的信息和自由的环境，这为学习者主动建构知识提供了充足的信息源——创设好一个以学为中心的建构主义学习环境。

（4）利用网络资源，学习者可以不受时空限制，根据自己的学习兴趣与需要，在网上查询文字、图形、影像等信息，为进一步建构学习者新的认知结构和知识系统奠定基石。

2. 作为协商学习和交流讨论的工具

“讨论”板块为学生提供了自由发表意见的空间，让学生敢说、敢想，促进学生学会合作交流式学习，锻炼学生自我表现能力。

3. 作为知识建构和创作实践的工具

以 Office 系列工具作为成果展示工具，以小组合作形式收集资料，以世界名城为主题制作演示文稿。

4. 人际环境设计

通过播放“维也纳全览”的片段，在音、形、像等多元信息的刺激下，激发起学生学习的兴趣，吸引学生的注意力，让学生迅速投入与课文内容相应的一种情绪中，有目的地使学生整体感知课文内容。正是由于这种情感内驱力的作用与影响，学生此时一定会产生一种强烈的学习需求与学习动机。

（1）通过网上在线交流，学生有感而发，可以畅所欲言，一吐为快，把学生的情感推向高潮。

（2）教师及时指导，参与讨论，有利于师生情感的交流培养。

（3）教师让学生以小组为单位分工协作，营造团结互助的学习氛围。

信息技术与课程整合是指在教学过程中把信息技术、信息资源、信息方法、人力资源和课程内容有机结合，共同完成课程教学任务的一种新型的教学方式，它的核心是数字化学习。自从 1959 年美国 IBM 公司研发出第一个计算机辅助教学系统以来，信息技术与课程整合大体上经历了 CAI、CAL 和 IITC 三个发展阶段。

信息技术与课程整合的特点表现为：任务驱动式的教学过程，信息技术作为教师、学生的基本认知工具，能力培养和知识学习相结合的教学目标，“教师为主导、学生为主体”的教学结构，个别化学习和协作学习的和谐统一。

信息技术与课程整合的目标是：培养学生具有终身学习的态度和能力，培养学生具有良好的信息素养，培养学生掌握信息时代的学习方式。

信息技术与课程整合的原则是：运用适合的学习理论指导课程整合的实践，根据学科特点构建整合的教学方法，根据教学内容选择整合策略。

信息技术与课程整合有如下方式：L-about IT 方式、L-from IT 方式和 L-with IT 方式。信息技术与课程整合目前在我国尚处于起步阶段，虽然在教学实践中已取得较大成效，但不可避免地还存在许多不足之处。所以，作为信息时代的教师，应该把握好信息技术在课程整合中的角色，积极实践，不断总结经验，积极探索信息技术与课程整合的更有效的途径和方法，让信息技术更好地推动教育改革，为全面推进素质教育服务。

参考文献

[1] 陈维坚 . 有效课堂教学的研究与实践 [M]. 上海：上海远东出版社，2016.

[2] 高文 . 学习创新与课程教学改革 [M]. 广州：广东教育出版社，2006.

[3] 郝志军 . 课程与教学改革研究 [M]. 长沙：湖南教育出版社，2017.

[4] 贺立路 . 教学设计与案例：信息技术与学科课程整合优秀成果 [M]. 沈阳：沈阳出版社，2018.

[5] 贾俊花 . 问道：课程教学改革实践研究 [M]. 石家庄：河北人民出版社，2017.

[6] 黎加厚 . 信息化课程设计：Moodle 信息化学习环境的创设 [M]. 上海：华东师范大学出版社，2007.

[7] 梁哲 . 翻转课堂校本化研究 [M]. 长春：吉林人民出版社，2019.

[8] 廖哲勋 . 课程教学改革与教育思想建设 [M]. 北京：人民教育出版社，2018.

[9] 刘致中 . 智慧教育课堂实践 [M]. 西安：西北大学出版社，2019.

[10] 聂凯 . 移动网络课堂与信息化教学资源的传播分析 [M]. 成都：四川大学出版社，2018.

[11] 史习明 . 教学形态信息化创新应用探索与实践 [M]. 杭州：浙江大学出版社，2019.

[12] 汪应，陈光海，韩晋川 . 高校教师信息化教学能力构成研究 [M]. 重庆：重庆大学出版社，2018.

[13] 文哲 . 基础教育政策与课程教学改革 [M]. 北京：人民教育出版社，2012.

[14] 武琳 . 信息化教学中英语翻转课堂教学模式的建构与教学实践 [M]. 北京：九州出版社，2018.

[15] 希沃教育研究院 . 信息化课堂教学与学生管理应用教程 [M]. 西安：陕西师范大学出版总社，2019.

[16] 邢至晖 . 基于信息化构建区域课堂观察平台的实践研究 [M]. 上海：上海交通大学出版社，2019.

[17] 严先元 . 课程实施与教学改革 [M]. 成都：四川大学出版社，2002.

[18] 颜明仁，李子建 . 课程与教学改革：学校文化、教师转变与发展的观点 [M]. 北京：教育科学出版社，2010.

[19] 尹新，杨平展 . 融合与创新 高校教育信息化探索与实践 [M]. 长沙：湖南科学技术出版社，2018.

[20] 张蕾 . 信息化环境下移动课堂教学模式研究 [M]. 长春：东北师范大学出版社，2017.

[21] 朱怀太，刘振中 . 平凉好课堂：平凉区域课堂教学模式的构建与发展 [M]. 兰州：甘肃文化出版社，2017.